KB274493

글로벌 인재포럼 리포트 2010

새로운 인재가 온다

글로벌 인재포럼 리포트 2010

새로운 인재가 온다

한국경제 글로벌포럼 사무국·편집국 특별취재팀 지음

한국경제신문

인재가 미래다

21세기 들어 전 세계를 관통하는 화두가 등장했다. 바로 성장growth 이다. 선진국 클럽이라는 경제협력개발기구OECD가 21세기에 처음으로 내놓은 공식적인 보고서 역시 '성장이란 무엇인가Understanding the Growth'였다. 성장이 화두가 된 이유가 무엇일까? 전 세계가 위기 상황에, 예전보다 좀처럼 나아지기 어려운 경제 환경에 직면했기 때문일 것이다.

인류가 경제 성장을 경험한 것은 겨우 2백 년 남짓이다. 1800년경 산업혁명이 본격화되고 회사라는 새로운 체제가 등장하면서, 또한 리스크risk에 대한 지배력을 높여가게 되면서, 세계는 폭발적인 경제 성장을 경험했다. 문제는 이 속도가 너무나 빠르다는 것이었고, 그리하여 21세기가 시작될 때쯤 전 세계는 공급과잉과 저성장의 늪에 빠지고 말았다. 상품은 도처에 넘치고 인력과 서비스도 수요 이상으로 넘쳐나는 시대. 과연 성장이란 무엇일까. 과연 어떻게 해야 그 실마리를 잡을 수 있을까.

세계 각국이 이 화두를 풀려고 애쓰고 있지만 그 답은 좀처럼 우리에게 고개를 내밀지 않고 있다. 불확실한 미래를 앞두고 특정 사업이나 특정 서비스, 특정 지역의 경우 그 답을 찾기가 더욱 어려운 실정이다. 바로 이런 맥락 아래서, 우리는 미래 성장의 동력을 '인재'로부터 찾게 되었다.

기업들이 '인재 확보 전쟁War for talent'에 돌입한 것은 사실 1990년대 말부터다. 이로써 인재는 지구촌의 화두가 되었다. 장차 어떻게 전개될지 불확실한 미래, 조금의 예측도 불허할 만큼 변화무쌍한 미래를 개척하기 위해 인재를 기르겠다는 담대한 비전을 전 세계가 추진하고 나선 것이다.

이런 세계적 추세에 뒤처지지 않기 위해,《한국경제신문》은 교육과학기술부, 한국직업능력개발원과 함께 인재 문제를 본격적으로 다루는 글로벌 포럼을 만들었다. 2006년의 일이다. 세계 각국은 어떤 인재를 길러내는 것을 목표로 어떤 노력을 기울이고 있는지, 인재 발굴과 육성에 관한 세계적인 협력 모델을 만들 수 있을지, 한국의 노력이 이 과정에서 어떤 의미를 가질 수 있을지 논의해보고자 했던 것이 그 시작이었다.

올해로 5회째를 맞는 글로벌인재포럼은, 이제 HR 분야에서 사실상 세계 최초의 국제적 포럼으로 그 자리를 잡아가고 있다. 지난 4년은 "이제 인재에 대한 논의가 세계적인 화두요, 다른 모든 것을 헤쳐갈 수 있는 최우선 아젠다"라는 사실을 국내외에 떨친 시기였다. 그리고 올해부터는 좀 더 광범한 국제협력의 가능성을 모색할 수 있는 단계가 이르렀다고 할 수 있다.

《글로벌 인재포럼 리포트 : 새로운 인재가 온다》는 2009년 11월 열린 '글로벌인재포럼 2009' 당시 한경에서 논의되었던 내용을 정리해 묶은 책이다. 게르하르트 슈뢰더 전 독일 총리, 프레드 버그스텐 미국 피터슨국제경제연구소 소장, 마틴 펠트스타인 하버드대학교 경제학과 교수, 존 아이켄베리 프린스턴대학교 국제정책대학원 석좌교수, 아츠시 세이케 일본 게이오대학교 총장, 황웨이핑 전 중국인민대학교 경제대학원 원장, 윌리엄 밀러 스탠포드대학교 석좌교수, 피터 치즈 전 액센츄어 글로벌총괄파트너, 해리 패트리노스 세계은행 수석이코노미스트 등 포럼에 참석한 세계 석학들의 한 마디 한 마디를 전체적인 맥락에서 음미해볼 수 있도록 구성했다. 신문이나 인터넷을 통해서는 접할 수 없는, 일목요연하게 통일된 자료로서의 충실성을 갖추기 위해 노력했다. 그러나 종종 편집상의 일관성이 부족하고 개인적인 견해차가 드러나는 부분은, 포럼 그 자체의 생생한 현장감을 반영한 것이라고 이해를 구한다.

이 책은 크게 4부로 나뉘어져 있다.

제1장 '미래 사회의 글로벌 패러다임'은 세계적인 명사들이 짚어주는 변화의 큰 흐름을 담았다. 미국발 금융위기가 세계 경제에 미치는 영향은 어느 정도일지, 그에 따라 국제 질서는 어떻게 재편될지 급변하는 세계를 바라보는 새로운 시각을 살펴본다. 세계 금융위기 이후 나타나는 약 달러와 무역 불균형, 새로운 경제 시스템의 필요성, G20의 부상과 국제협력의 필요성에 대해서도 알아본다.

제2장 '인재전쟁의 서막'은 여전히 불확실한 세계 흐름 속에서 지속 성장의 핵심이 되는 인재 확보의 중요성에 대해서 조명했다. 왜 인재가 필요한지, 미래는 어떤 모습인지, 미래 사회가 필요로 하는 인재는 어떤 자질을 갖춰야 하는지 등에 대해서 논의해본다.

제3장 '글로벌 인재경영의 조건' 에서는 창의적 인재 양성을 위해 세계가 어떤 노력을 기울이고 있는지 살펴본다. 각 정부와 공공기관 그리고 글로벌 기업들이 어떻게 인재를 확보하고 양성해 나가는지 여러 우수 사례를 소개한다. 덧붙여 대학과 기업이 미래형 글로벌 인재를 양성하기 위해 협력해가야 할 방향도 다루었다.

제4장 '인재가 미래다' 에서는 모든 가치 창출의 원동력이 되는 인재의 미래를 전망한다. 미래 사회의 키워드가 되는 '녹색인재' 에 대해 알아보고, G20 의장국으로서 대한민국 인재양성의 미래를 진단한다. 아시아판 에라스무스 프로그램 등 적극적인 국제 협력을 통해 수혜국에서 공여국으로 거듭난 한국이 미래 인재 양성의 산실이 되는 길을 모색해본다.

또한 각 부의 말미마다, 포럼에 참가한 석학들이 이슈별로 심도 있게 논의한 '특별대담' 을 실었다.

인재라고 하면 핵심인재를 우선 떠올리고, 교육이라면 중고등학교 교육을 연상하는 것이 여전한 우리의 관행이다. 이 책을 통해 우리의 인재 개발 논의가 좀 더 세계적인 맥락 속에서 이루어졌으면 하는 바람이다.

글쓴이들을 대표하여,
한국경제신문 글로벌포럼 사무국장
권영설

* 연사의 강연이거나 기고자가 쓴 글은 연사나 기고자의 이름을 명기했습니다.
* 별도 표시가 없는 부분은 한경 특별취재팀의 기사입니다.
* 연사와 기고자의 직함은 글로벌인재포럼 2009 당시 기준입니다.

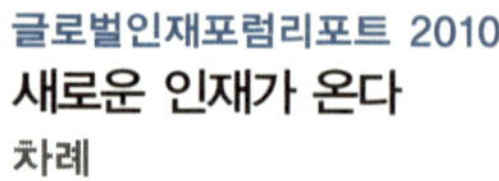

새로운 인재가 온다

차례

머리말 | 인재가 미래다

CHAPTER 1 미래 사회의 글로벌 패러다임

01 세계 금융위기와 앞으로 일어날 변화들   012

02 G20과 6자회담, 국제 질서의 재편성   025

03 사이버세계의 등장과 인구고령화   030

04 '글로벌 협력', 위기를 넘어서는 해법   034

「글로벌 인재경영: 석학에게 듣는다」 "G20 공조 없는 출구전략 위험하다!"

CHAPTER 2 인재전쟁의 서막

01 세계는 지금 인재전쟁 중   054

02 미래는 얼마나 빨리 변하는가   066

03 미래 인재의 가능성들   072

04 미래의 리더, 리더의 미래   081

「특별대담」 "국가적 팀워크로 교육을 개혁한다!"

CHAPTER 3 글로벌 인재경영의 조건

01 교육, 미래로 가는 길   095

   1 대학의 미래가 세상의 미래다   095

   2 앞서나가는 세계의 교육, 세계의 대학들   105

   3 아시아 · 태평양이 함께 발굴하는 창의적 글로벌 리더   119

「글로벌 인재경영: 석학에게 듣는다」 "대학과 기업은 어떻게 협력해야 하는가?"

02 미래 인재를 위한 공공 정책   130

　1 공공정책으로의 진로교육   130

　2 말레이시아의 미래형 인재 관리   137

　3 도시 경쟁력, 창의적인 인재 육성에 달렸다   141

　4 지속성장과 사회 안정, 일자리 창출을 위하여   144

03 경제 위기 시대의 글로벌 경영 전략   151

　1 인재 발굴 능력을 키워라   151

　2 회복기의 인재 발굴과 관리   157

「특별대담」 "인재관리로 새로운 기회를 창출해야"

　3 세계 기업들은 창조적 인재를 어떻게 육성하나?   174

　4 인재경영을 위한 21세기형 마셜플랜   194

　5 경기회복에 대응한 인재관리   201

「특별대담」 "인재관리가 새로운 해법"

CHAPTER 4　인재가 미래다

01 인재 경영은 고등학교 때부터   216

02 미래 사회 키워드는 녹색인재   222

03 미래를 향한 한국의 인재들   231

　1 G20의장국, 미래 한국에 바란다   231

　2 인재포럼 제안 아젠다 10   237

「글로벌 인재경영: 석학에게 듣는다」
"교육 원조 받는 나라에 '벤치마킹 모델' 선택권 줘야"

〈부록〉 한국, 아시아와 서구 가교 역할 해야   245

「글로벌 인재경영: 석학에게 듣는다」
"핵 없어야 더 큰 안전 보장 받는다는 사실 인식시켜야"

〈Global HR Forum〉 '글로벌인재포럼' 이란 무엇인가?   257

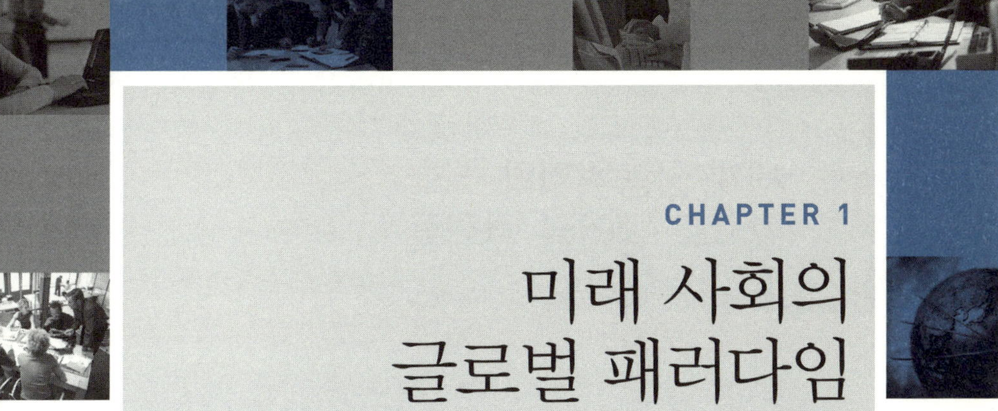

미래 사회의 글로벌 패러다임

"산업이 농업에서 정보기술로 급변하는 과정에서도 한국인들이 변함없이 가장 중요하게 여긴 것은 '자식농사'였다. 교육이야말로 지속적으로 발전하는 미래를 위한 가장 좋은 투자였음을 증명한 사례다."

이명박

"국제 사회가 위기의 시대를 맞았다. 위기를 뛰어넘을 수 있는 해법은 '글로벌 협력'이다. 한 국가의 노력만으로 경제와 안보, 환경 등의 난제를 해결할 수 없는 시대가 온 것이다."

게르하르트 슈뢰더

01 세계 금융위기와 앞으로 일어날 변화들

프레드 버그스텐(미국 피터슨국제경제연구소 소장)

오늘날 세계 경제는 천연 자원이 고갈되고 성장 동력이 떨어지는 등 커다란 위기를 맞고 있다. 이 난관을 돌파할 수 있는 유일한 과제는 바로 '인재'다. 인재를 적극적으로 개발하여 무형의 가치를 키워내는 일이다. 미래의 한국이 위기 이전의 성장세를 유지하려면, 역시 인적 자원의 효율적인 육성이 가장 필요하다.

위기는 곧 기회다. 이즈음 세계적인 경제위기는 세계 각국으로 하여금 새로운 성장 전략들을 짜게 하는 계기가 되었다. 여기서 가장 큰 관심이 집중되고 있는 게 바로 인적 자원에 대한 부분이다. 사실 인적 자원은 세계 각 나라의 잠재 자원 중에서 국가 간 교류가 가장 활발하게 이루어질 수 있는 종류의 자원이다. 그런 의미에서 《한국경제신문》의 '글로벌인재포럼'은 세계의 균형성장에 반드시 필요한

프레드 버그스텐 소장이 글로벌 인재포럼2009 개막 총회에서 기조연설을 하고 있다. 프레드 버그스텐 미국 피터슨국제경제연구소 소장, 사공일 G20 정상회의 준비 위원장, 게르하르트 슈뢰더 전 독일 총리(왼쪽부터)

고민을 담고 있는 행사라고 할 수 있다. 바로 이것이, 내가 이 포럼에 참석한 이유다.

지금까지 선진국들은 자국 중심의 성장 전략에만 골몰해왔다. 그 결과 세계 경제의 불균형이 초래됐음은 전문가들 대부분이 인정하는 사실이다. 그런 점에서 '녹색성장'은 지금까지 내세워진 성장 전략 가운데 가장 성숙된 것이라고 할 수 있다. 세계 역사를 통틀어서 말이다.

금융위기가 남긴 것

기존의 글로벌 경제체제는 제2차 세계대전 이후 구축되었다. 1930

년대 대공황을 피하기 위해서 말이다. 이 글로벌 체제는 60년 동안 기본적인 골격을 유지하면서 수십 년 동안 진화를 거듭했다. 그러나 최근 경기침체를 겪으면서부터는 기존체제가 흔들리고 있다.

현대 역사상 처음으로 전 세계 경제가 위축되었다. 거의 모든 국가들은 통화정책과 경기부양책을 채택했고, 다행히 경기하락을 막을 수 있었다. 대부분의 경우 경제가 회복세로 돌아서는 전환점을 맞았던 것이다. 2009년 한국의 경우 2/4분기에서 3/4분기로 넘어갈 때 13%의 경제 성장을 기록했다. 미국도 저조하지만 국내수요가 4% 증가하며 어느 정도 회복되었다.

국제통화기금IMF과 G20 같은 기구들이 적극적인 지원을 했고, 세계무역기구WTO의 룰과 절차는 보호주의 정책을 펼치는 많은 국가들에 브레이크를 걸었다. 경쟁적 화폐평가절하도 없었다. 2,500억불에 달하는 특별 인출권이 IMF에서 합의되었기 때문에 어느 정도 경기가 부양될 것이다.

G20 국가들의 무역장벽 설치동결 공약이 완전히 이행되지는 않았지만 세계무역의 개방성을 유지하는 데 도움이 되었다. 1년 전만 해도 우리가 적잖이 걱정했던 위험이 이제 사라지고 있다. 건설적인 대응이 있었기에 이제 세계 경제 질서는 안정으로 접어들고 있다.

그러나 이번 위기는 현세대가 물려받은 기존 체제의 몇 가지 허점과 약점을 분명히 부각시킨다. 먼저 국내외 금융주체들이 위기를 일으킨 근본 위기를 막는 것은 역부족이었다. 막대한 국제수지 불균형은 경상수지 흑자와 적자 자본의 흐름으로 이어졌고, 이런 모든 것이 지나친 대출과 리스크에 대한 부적절한 평가로 이어졌다.

　결국 미국에서 위기가 터졌다. 도하협상이나 다른 방법으로 무역 자율화를 활성화시키지 못해 보호주의 무역의 바람이 다시 불게 되었다. 역사를 살펴보면, 서방의 무역체제가 무역 자율화로 움직이면서 이런 것이 멈춰지면 그 공백을 보호주의로 메운다는 것을 볼 수 있다. IMF의 경우에 물론 조치를 잘 취했지만 주요 회원국의 금융규제나 조율에 관한 메커니즘을 마련 못하고 있다. 금융 부문의 거시경제적 지침도 충분하지 않으며 흑자국의 조정을 유도할 수 있는 어떠한 도구도 제시하지 못했다. 결국 기존 시스템으로는 위기의 원인을 감지하지도 해결하지도 못한다는 사실이 증명되었다. 그런 만큼 새로운 질서에 대한 논의가 활발해질 것이다.

세계 경제안정과 약 달러

달러화의 글로벌 역할도 문제되고 있다. 유로화의 강세로 사실 두 개의 통화로 움직이는 체제가 구축되었다. 많은 국가들이 달러화의 역할에 의문을 제시하고 있다. 고민해봐야 할 문제이다.

　세계의 균형 성장을 위해 나는 '약翳 달러'의 필요성을 제기하는 바다. 균형 성장이란 '부국과 빈국 간의 균형을 이루는 것'을 뜻하는데, 나아가 '소비와 생산이 양극화된 미국과 중국 두 국가 간의 균형'을 중요하게 의미한다고 할 수 있다.

무역적자가 계속 커지고 있는 현 상황에서 미국의 수출 증진에 도움을 줄 수 있는 것이 바로 약 달러다. 미국 달러화가 기축통화로서의 지위를 상실하지 않을까 하는 일부 우려가 있지만, 달러화는 여전히 가장 강력한 기축통화다. 그런데 달러화가 1995년부터 2002년 사이에 40%가 올랐다. 이제는 재조정될 때가 왔다. 달러화 약세는 상당 기간 지속되어야 할 것으로 생각한다.

글로벌 경제위기의 근본 원인이 무엇인가. 미국에 너무 많은 돈이 흘러들어가면서 불거진 과잉유동성이다. 이것이 경제에 거품을 일으킨 것이다. 따라서 미국 정부는 달러화 가치의 하락 속도에 신경을 써야 할 것이다.

달러화 약세에 따른 세계 금융시장의 충격을 줄이기 위해서는 중국을 비롯한 아시아의 협력이 필요하다. 현재 전 세계 외환 보유액에서 달러가 차지하는 비중은 65%, 유로는 25% 정도다. 그런데 10년 후에는 두 통화가 각각 40~50%를 차지할 가능성이 크다. 따라서 각 나라들은 기간 안의 세계 금융시장 변화를 주의 깊게 지켜봐야 한다. 아시아 국가들의 외환보유액에서 달러화 비중이 '지나치게 빠른 속도로' 축소되어서는 안 된다는 것이다.

또한 무역과 관련하여 WTO의 역할도 문제다. WTO는 교육부문에 있어서 경제의 중요한 사안들을 제대로 해결하지 못했다. 기후변화에 대한 협약을 체결하는 데에도 무역과 관련된 협약이 있어야 할 것이다. 그래야 탄소 배출을 제대로 관리할 수 있다. 9·11 테러 등에 대한 사태가 보안감시로 이어졌는데 WTO는 여기에 제대로 대처하지 못했다. 통화조작도 그렇다. 많은 국가들이 행하는 통화조작으로 무역의 흐름이 많은 어려움을 겪고 있다. 글로벌 교역체제의 심각한 위협이 될 수 있는 특혜의 남발이 제대로 관리되지 않고 있다.

이러한 모든 이슈를 WTO는 의제로도 채택하지 못했다. 앞으로는 이런 문제에 대해 심각하게 고민해야 한다. 이 같은 제도상의 허점은 한 가지 이유 때문이다. 아주 오래전에 구축된 프로세스로 경제적 비중에 따라서 각 국가가 참여하는 것인데, 이 체제가 이제는 정당성이 없다는 것이다. 각 국가의 비중이 변했다. 글로벌 경제 질서는 크게 변화하여 21세기에는 의미가 없다. 이 문제를 제대로 해결해야만 21세기에 적합한 청사진을 제시할 수 있을 것이다.

위기 이후에 진행해야 하는 것은 글로벌 불균형 해결이다. 미국의 적자는 매년 8,000억 달러에 달한다. 반면 중국의 흑자규모는 4,000억 달러이다. 이러한 불균형의 수준을 절반이나 그 이하로 줄이기 위해 노력해야 한다. IMF가 국가별 전략의 일관성을 확인하고 이를 조율하는 역할을 맡아야 할 것이다. 강대국이 글로벌 전략에 맞춰 정책을 조절해나가야 한다. 이런 노력들이 있어야 금융위기가 재발하지 않는다. 환율문제를 해결할 수 있는 방안도 고민해야 한다. 개도국들은 안정적인 외환보유고 마련을 위해 자국 통화를 평가 절하하고 수출 드라이브를 펴고 있다. 이것이 무역 불균형의 원인 중 하나다.

강력한 세계 경제 공조 시스템 필요

이 시점에서 강조해야 할 것이 중국 위안화 절상의 필요성이다. 세계 자본시장의 불균형을 시정하려면 중국 위안화의 평가 절상이 시급하다. 한국을 포함한 아시아 각국이 자국 통화를 2~3년간 20% 정도 평가 절상해도 큰 문제는 없을 것으로 본다.

각국의 출구전략 시행 시기를 결정하는 것도 신중히 생각해야 할 문제다. 출구전략을 시행하기 전에 세계 성장률이 정상으로 돌아왔는지, 그게 지속 가능한 상태인지를 먼저 확인해야 한다. 금융 시스템의 정상화도 출구전략 시행 전에 반드시 점검해야 할 사안이다.

다시 한 번 강조하지만 기존의 WTO와 IMF 체제로는 세계 경제 정상화가 쉽지 않을 것이다. 한국, 중국과 같은 신흥공업국이 주도하는 보다 강력한 세계 경제 공조 시스템이 필요하다.

미국 오바마 대통령은 자국 문제해결에 집중하느라 한·미 자유무역협정FTA 비준에 제대로 신경을 쓰지 못하고 있다. 이는 실책에 가까운 무역 정책이다. 이로 인해 한·미 FTA보다 한·유럽연합EU FTA가 먼저 발효된다면, 미국은 큰 손실을 감수해야 할 것이다.

글로벌 금융위기는 제2차 세계대전 직후 만들어져 지난 60년 동안 유지되어온 글로벌 경제체제를 송두리째 흔들고 있다. 기존의 국가 간 시스템으로는 위기의 원인을 감지하지도, 해결하지도 못한다는 사실이 이미 증명되었다. 앞으로는 새로운 질서에 대한 논의가 활발해질 것으로 전망한다.

위기를 초래한 근본 원인으로 국제수지 불균형을 지목하지 않을 수 없다. 적자 누적 국가가 지나친 대출과 리스크 큰 금융상품 투자를 일삼으면서 위기는 시작되었다. 금융위기 이후 일고 있는 보호주의 무역의 움직임도 기존 경제 시스템이 제 역할을 못한 탓이라고 할 수 있다. WTO 도하라운드 협상이 실질적인 진전을 보이지 못했던 것이다.

IMF도 한계를 분명하게 드러냈다. 주요 회원국 정부의 규제를 조율할 수 있는 역량도, 금융시장의 거시적인 움직임을 읽는 능력도 충분치 않았던 것이다. 지나치게 흑자 규모가 큰 나라에 무역수지 조정을 유도할 만한 도구가 없었다는 것도 문제다.

기존 WTO와 IMF 체제로는 세계 경제 정상화가 어렵다. 한국과 중국 같은 신흥공업국이 주도하는, 보다 강력한 세계 경제 공조 시스템이 필요하다.

외환보유 경쟁 해법, 특별인출권SDR

새로운 세계 경제 시스템의 지향점은 '성공사례의 공유'로 요약할 수 있겠다. 금융위기를 거치면서 각국이 찾아낸 경제 회생 해법이 여러 나라에 동시에 적용될 수 있도록 국가 간에 유대를 강화해야 한다는 것이다.

이번 금융위기를 통해, 선진국이 신흥공업국에 비해 위기관리 능력이 떨어진다는 사실이 여실히 드러났다. 금융위기의 타격을 덜 받은 아시아지역 신흥공업국과 개발도상국들의 지혜를 선진국이 빌려야 하는 시기가 왔다.

위기 이후에 풀어야 할 세계적 과제로는 '무역수지 불균형' 문제를 꼽을 수 있다. 대표적 사례가 미국과 중국이다. 앞에서 말한 것처럼 미국의 적자는 매년 8,000억 달러에 달하는 반면 중국의 흑자 규모는 4,000억 달러를 넘는다.

신흥공업국들이 자국 통화가치 절하라는 극약 처방을 써가며 무역흑자 폭을 늘리고 있는 이유는 무엇인가? 바로 외환보유액 때문이다. 이들 나라가 수출을 통해 충분한 외화를 획득하지 못할 경우 위기가 찾아올 것임은 자명한 노릇이다.

예를 들어 IMF가 회원국에 5년간 특별인출권SDR를 나눠주는 방안을 쓴다면 어떨까? 외화에 대한 두려움이 사라지면 신흥공업국들의 경제정책 기조도 자연스럽게 바뀔 것이다.

장차 전개되는 세계 경제 시스템의 핵심은 신흥시장과 개도국이 될 것이다. 나는 특히 아시아 지역에 주목한다. 중국과 인도가 세계 2위와 3위의 경제대국으로 발돋움하면, 세계 경제 시스템의 무게 중심이 자연스럽게 아시아로 이동할 것이다.

앞으로 구축하는 세계 경제 시스템의 핵심은 신흥시장과 개도국이 될 것이다. 이들은 전 세계 경제 절반의 GDP를 차지한다. 개도국은 위기 전의 선진국보다 빠르게 성장하고 있다. 경제성장률이 늘어나면서 앞으로는 구경제에 지배적인 영향을 미치게 될 것이고 선진국과 개도국의 격차는 더 커질 것이다. 아시아는 여기서 핵심적인 역할을 하고 있다. 중국은 세계 2위의 경제대국이 될 것이고 인도도 3위가 될 것이다. 한국도 10위권에 진입해서 앞으로 더 큰 역할을 할 것이다.

위기 후 힘의 균형이 바뀌고 있다는 것을 전적으로 보여주는 것이 G7을 대신하는 G20의 부상이다. 전 세계 경제를 이끌어나가는 주체가 바로 G20이다. 이들의 절반이 개도국으로 아시아가 5개국, 호주와 러시아를 포함하면 7개국이다. G7에는 1개국밖에 없었다. 언젠가는 일어날 일이었는데 위기로 인해서 5~10년이 앞당겨졌다. 심각한 불경기로 인해 이제는 국제체제에 개도국을 참여시키기로 하였고 이에 따라 아시아가 더 중요한 역할을 할 것이다.

앞으로는 이를 다자간체제에도 반영시켜야 한다. WTO에서는 이미 시작되고 있다. 원래 컨센서스 방식으로 표결하는데 이제 중국과 인도를 중요한 결정을 내리는 핵심국가에 포함시켰다. 유럽의 표결권이 줄고 아시아의 표결권이 늘어날 것이다. 또한 유럽이 차지한 상임이사국 자리를 신흥개도국에게 넘겨줘야 한다. 미국의 비토권도 폐지해야 한다. IMF의 결정으로 미국이 비토권을 갖고 있는 것에 대해 다른 국가들의 불만이 많다. 가장 중요한 것은 향후 IMF를 이끌어나갈 지도자를 이전과는 다른 국가에서 선출해야 한다는 것이다. 유럽의 전통적 인물이 아닌 신흥국에서도 나와야 한다.

IMF는 근본적 변화를 거쳐야 한다. 이를 바탕으로 신흥국에게 적합한 지도력과 리더십을 보여야 한다. 이것이 세계정세를 잘 반영하는 일이다. 세계는 현재 정치적 변화들을 겪고 있고 이는 G20 체제 변화로 이어지고 있다. 21세기 글로벌 질서는 20세기와는 다를 것이다. 더 다양해지고, 각 국가의 경제적 비중을 기반으로 하는 발언권도 바뀔 것이다.

녹색산업과 G20

금융위기를 거치면서 각국이 찾아낸 경제 회생 해법을 여러 나라에 동시에 적용할 수 있도록 국가 간 유대를 강화해야 한다. 이번 금융위기를 통해 선진국이 신흥공업국에 비해 위기관리 능력이 떨어진다는 사실이 드러났다. 이제 선진국이 금융위기의 타격을 덜 받은 아시아지역 신흥공업국과 개발도상국들의 지혜를 빌려야 하는 시기가 왔다.

사실 아시아 중심의 경제 질서는 G20에서 이미 시작되고 있다. G7 체제에서 단 한 곳에 불과했던 아시아 국가의 숫자가 5개국으로 늘어난 것은 아시아의 강해진 힘을 고스란히 보여주는 증거다.

나는 현재의 위기보다 미래의 지속가능한 성장에 더욱 방점을 찍고 있는 경제학자의 한 사람이다. 모두가 위기 대응에 급급한 이때에, 더욱 중요한 것은 한발 나아가 미래를 생각하는 폭넓고 담대한 안목이다.

한 가지 예를 들자면 바로 지구온난화 문제. 이는 아직까지 풀기 힘든 난제다. 경제 질서에 대한 갈등이 필연적으로 수반될 수밖에 없는 부분이기 때문이다. 각각의 국가들은 온실가스 제한 규정을 만들 때 망설일 수밖에 없다. 옆 나라보다 규제가 과도하면 손해를 보기 쉽기 때문에 무역 분쟁의 원인이 될 수 있는 문제다. 이를 G20 운영위원회가 주도적으로 풀어나가야 할 것이다.

이런 측면에서, 한국이 현재 신성장 엔진으로 설정하고 강력하게 추진하는 서비스산업과 녹색산업에 대해 박수를 보낸다. 이는 향후 이명박 정부의 가장 큰 업적으로 평가받을 것이라 생각한다. 같은 맥락에서, 한국이 새로운 글로벌 질서의 청사진을 마련하는 데 중요한 역할을 하리라 기대한다.

한국은 G7 이외 국가 중에서 처음으로 G20 의장국을 맡았다. G20 안에서 선진국과 개도국을 연결시킬 수 있는 역량을 갖춘 곳은 한국뿐이다. 지정학적인 위치도 절묘하다. 중국, 일본 간의 관계뿐 아니라 태평양 양안, 즉 아시아와 미국을 연결하는 연결고리 역할을 할 수 있을 것이다. 이들 사이의 긴장을 완화하는 데 큰 기여를 할 수 있을 것이라고 생각한다.

G20에 주어진 임무는 막중하다. 위기를 청산하는 작업과 더불어 위기 이후의 새로운 질서를 만들어야 한다.

WTO와 IMF에서도 아시아 국가들은 제대로 된 대우를 받아야 마땅하다. 유럽 국가가 3분의 2를 차지하고 있는 WTO 상임이사회를 아시아 신흥개도국에 개방하고 미국이 독점적으로 가지고 있는 IMF 결정에 대한 비토권도 없애야 할 것이다.

프레드 버그스텐 C. Fred Bergsten

미국의 경제학자·정치 고문. 카터 정부 시절 미국 재무부에서 국제정세관련 차관보를 지냈으며, 현재는 1981년에 설립된 피터슨 국제경제연구소의 소장으로 있다. 플레쳐대학교 법학과 정치학으로 박사학위를 취득한 뒤 1967~1968년 외교위원회(Council on Foreign Relations)의 구성원으로, 1969년 헨리키신저의 보좌관으로 일했으며 1971년에는 국가 안보위원회(National Security Council)에서 미국국제경제정책을 다루었다. 1972년~1976년에는 브루킹스협회(Brookings Institution)의 고정 멤버, 1981년에는 '카네기 국제평화재단'의 특별회원이었다. 같은 해 워싱턴에 씽크탱크 피터슨 국제경제연구소를 설립한 버그스텐은 1991년 경제력 정책 위원회(Competitiveness Policy Council)의 회장으로 선출되어 대통령과 국회에 4번에 걸쳐 보고서를 제출했다. 세계개발센터(Center for Global Development)의 공동설립자이기도 하다.

G20과 6자회담, 국제 질서의 재편성

존 아이켄베리(미국 프린스턴대학교 국제정책대학원 · 경희대학교 석좌교수)

먼저 나는 G20 의장국으로서 한국의 역할에 큰 기대를 가지고 있다. G20은 장차 경제뿐 아니라 안보 환경 등 여러 분야에서 총괄적인 지도력을 발휘할 것이다. 그리고 단기간에 민주화와 산업적 발전을 이루어낸 한국이야말로 그 중심 국가로 적합할 것임을 믿는다. 세계적인 금융위기 속에서, 무엇보다 G20이 자유무역을 촉진하는 데 특히 초점을 맞춰야 한다.

더욱 커진 G20의 대표성

한국의 이웃나라 일본은 지난 선거에서 50여년 만에 정권교체를 이

뤘다. 이런저런 변화들이 예상되지만, 일본 민주당 역시 기본적으로 보수적이어서 사회적 관습을 쉽게 벗기 어려울 것이다. 한국과는 역사 교과서와 독도 문제 등을 어떻게 풀어갈지가 관심사다. 재일 한국인의 정치적 참여 문제도 여전히 갈 길이 멀다고 들었다. 일본 정부도 이 문제에 신경 쓰고 있는 만큼 양국 정부가 미래지향적인 관계를 가져가길 바란다.

일본은 미국의 파트너를 뛰어넘어 글로벌 리더십을 보이려고 한다. 이제까지 일본은 국제무대에서 고립 또는 안보력 증강이라는 두 극단에서 움직였다. 이제는 유엔UN 등을 통해 국제적 활동을 강화하는 제3의 길을 보여줘야 한다.

세계적인 권력 지형은 얼마 전부터 큰 전환점을 맞이하고 있다. 중국이 떠오르고 있다. 브라질 인도 남아프리카공화국도 마찬가지다. 한국 또한 G20 의장국을 맡으며 이 같은 신흥세력의 상징이 됐다. 반면 미국과 안전보장이사회 등 전통적인 세력은 정체되고 있다. 유연한 메커니즘을 가진 G20이야말로 집단적인 리더십과 세계 모든 나라의 실질적인 협력을 이끌어내는 중요한 역할을 하게 될 것이다.

서두에 강조했지만 G20에 무려 6개의 아시아 국가가 참가한다는 점에 주목해야 한다. 과거 G8에서 아시아 국가는 하나에 불과했다. 예전에는 강대국 정상들이 이끄는 구조였다면 지금은 인도네시아 브라질 남아프리카공화국 등 신흥국의 역할이 커졌다는 의미다.

이는 G20의 대표성이 더욱 커졌음을 의미한다. 오바마 대통령은 선진국과 저개발국의 빈부 격차뿐만 아니라 동서 간 교류에도 많은

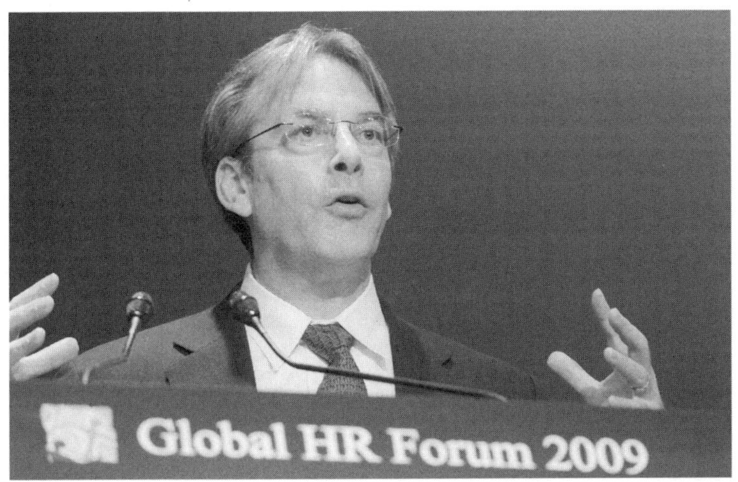

존 아이켄베리

관심을 갖고 있다. 과거 G7이나 G8의 경우 실질적인 행동보다는 뭔가를 보여주었다는 데 의미가 컸다. 그러나 G20은 그렇지 않을 것이다.

여러 국가들이 새로운 목표를 설정하고 진정한 협력을 하려면 그에 걸맞게 새로운 방식의 협동이 필요하다. 이때 중요한 것이 강대국과 개발도상국을 잇는 '브리지bridge 국가' 로서의 역할이다. 한국이 이러한 기회를 놓치지 않기를 바란다.

그랜드바겐과 전략적 인내심

한국의 이명박 대통령도 G20에서 중심적인 역할을 하기 위해 노력하는 것으로 알고 있다.

그런 만큼 장차 더 많은 기회가 돌아올 것으로 믿는다. 이 대통령은 다음 회의에서 어떤 이슈에 집중해야 하며, 어떤 논의를 시작할지 결정하게 된다. 이를 통해 한국은 금융과 환경, 에너지, 인권, 안보 등 다양한 국제적 이슈에서 리더십을 보여줄 수 있을 것이다. 의장국을 벗어난 후에도 한국이 향후 국제 문제에 더 많이 참여하기를 바란다.

한국 내에서도 가장 큰 관심을 모으는 사안이 6자 회담과 북핵 문제일 것이다.

잘 알려진 것처럼 현재 6자회담은 고착상태다. 미국은 북한이 바라는 바와 달리 북한을 핵보유국으로 인정하지 않을 것이다. 미국은 '전략적 인내심strategic patience'을 보이고 있다. 북한 리더십에 변화가 보이지 않는 이상 지금 할 일은 없는 것 같다. 무엇보다 협상에 유리한 때를 기다려야 한다.

그러나 전략적 인내심만 강조하면 교착 상태가 계속된다는 위험이 있다. 미국은 북한에 미국 대사를 보내는 방법 등으로 최소한 북한의 의도를 파악해야 할 것이다. 또한 그랜드바겐을 통해 관계 정상화를 모색하고 영속적인 휴전을 종전으로 바꿔야 한다.

한국의 시각에서는 6자회담을 하루빨리 재개시켜 북한의 행동을 멈추는 것이 중요할 일일지 모른다. 그러나 한두 번의 조치로 급진적인 변화를 일으키기는 어렵다. 많은 전략과 정치가 필요하다.

동아시아에서 중국이 크게 부상했다. 중국은 이미 글로벌 경제 파위를 갖고 있다. 이로 인해 미국과 경쟁적이고 미묘한 관계를 형성할 가능성이 제기되었다. 그러나 미국과 중국의 상호보완적 관계는 이번 금융위기 속에서 오히려 더욱 강하게 입증됐다. 중미 양국은 다자간 동아시아 안보체제에 대한 고민도 공유하고 있다. 양국이 함께 할 방법을 반드시 찾을 것이라고 본다.

존 아이켄베리 G. John Ikenberry

미국 프린스턴대 교수로 국제관계 · 외교 분야의 전문가 존 아이켄베리는 1985년 시카고대학교에서 박사학위를 취득, 프린스턴대학교 · 펜실베이니아대학교 · 조지타운대학교 등에서 교수직을 역임했다. 1991~1993년에 미국 국무부와 국제 평화를 위한 카네기 후원 재단에서 근무했으며, 1997년~2002년 브루킹스 협회의 특별 회원으로 있었다.
《승리 이후(2001)》는 미국 정치학회가 가장 뛰어난 국제 역사 · 정치학 책에 주는 슈뢰더 저비스 상을 수상했으며, 《경쟁자 없는 미국(2002)》, 《자유주의적 세계 질서와 제국주의 야망(2005)》 등을 썼다.

03 사이버세계의 등장과 인구고령화

아츠시 세이케 (일본 게이오대학교 총장)

사회 구조가 급변하고 있다. 물론 어제오늘의 이야기는 아니다. 주요 요인 중 하나가 인구 고령화다. 대부분의 선진국이 고령화 문제를 겪고 있다. 특히 일본의 고령화 속도는 주목할 만큼 빠르다. 현재 일본 인구의 22.5%가 65세 이상이다. 1990년에 65세 이상 인구의 비중이 10%에 불과했음을 생각하면 놀라운 현상이다. 2013년이면 25%가 될 것이고 2030년에는 33%가 될 것이다. 그리하여 금세기 중반에는 65세 이상 인구 비중이 40%에 달할 것으로 예상된다.

고령화는 인적자원 개발 측면에서도 중장기적으로 큰 과제를 던져주는 문제다.

고령화에 이어 저출산 현상으로 인구가 줄어들고 있다. 인적자원

아츠시 세이케

에 대한 투자가 더 중요해지는 시점이다. 노동 가능 인구의 수가 줄어든다고 해서 국내총생산GDP마저 떨어지기를 바라는 사람은 없을 것이다. 적은 인구로 경제성장을 유지하려면 개별 근로자의 생산성이 높아져야 한다. 그러기 위해서는 인적자원에 더 많은 투자를 해야 한다.

교육기관, 특히 대학의 역할이 중요하다. 수준 높은 교육을 통해 근로자의 생산성을 높여야 한다. 한편 고령인구로 하여금 계속해서 노동시장에 남아 일할 수 있도록 돕는 재교육 프로그램이 필요하다. 60세 넘는 나이에도 직업 교육을 받거나 대학원을 다니면서 새로운 능력을 갖출 수 있는 분위기를 만들어야 한다는 것이다.

고령 인구에게 고용 기회를

한국도 상당히 빠른 속도로 고령화가 진행되고 있는 나라다.

일본과 비교해도 고령화의 속도나 정도가 크게 차이나지 않는다. 2033년이면 한국의 고령화 정도는 일본의 2013년 수준과 비슷해질 것이다. 머지않아 한국의 고령화 속도가 일본을 따라잡을 가능성도 있다. 그렇게 되면 평균수명은 늘어나지만 경제성장률은 낮아질 것이다.

고령화의 주된 원인은 낮은 출산율이다. 지난해 여성 1명당 출산율이 일본은 1.48명, 한국은 1.19명이었다. 대학 입장에서 본다면 장차 신입생 모집이 어려워진다는 이야기와도 같다.

이 문제를 위기 속 기회로 삼아야 한다.

대학 간에 협력의 필요성이 이제 점차 높아질 것이다. 이를 통해 질 높은 교육을 제공함으로써 많은 학생을 끌어들이도록 노력해야 한다.

고령화 사회를 맞아 새로운 연구 분야가 다양하게 생겨날 것이다. 연금제도나 의학, 간호학, 고용시장에 대한 심도 깊은 연구가 필요하다. 한국과 일본의 대학들이 이 부문에 대해 공동 연구를 하면서 해결책을 찾아낸다면 더 많은 성과를 거둘 수 있을 것이다.

고령화로 인한 젊은 세대의 경제적 부담을 덜어주기 위해서는 고령 인구가 가능한 한 노동시장에 오래 머물러 있도록 해야 한다. 다행히 한국과 일본의 고령 인구는 근로 욕구가 높다. 60~65세 근로자를 대상으로 한 어느 연구에 따르면 일본은 70%, 한국은 60%가 계속 일하고 싶다는 의사를 밝혔다. 이들에게 고용 기회를 제공하면 고령화 문제를 어느 정도 해결할 수 있다.

좋은 사회정책이 절대다수의 행복을 만든다. 고령화에 대비한 훌륭한 정책이 마련된다면, 이는 선진국은 물론 개도국에도 좋은 참고가 될 수 있다. 개도국도 언젠가는 고령화 문제를 겪게 될 것이니 말이다.

아츠시 세이케 Atsushi Seike

아츠시 세이케는 게이오대 경영대학원에서 노동경제학으로 박사학위를 취득했다. 2007년부터 게이오대 대학원 경영학부 총장을 지내다 2009년 게이오대 총장으로 취임하였다. 세이케는 1980년 게이오대 경영학 연구조교 이후 게이오대 대학원의 노동경제학과 경영학과 교수를 역임, 게이오대 학생부 부원장직을 거쳐 총장의 자리에 올랐다. 2007년 일본 인재관리협회의 부회장, 2008년에 일본경제협회의 이사회에 있었고, 정부 관련 업적으로는 2005년 보건노동복지부에서, 2008년에는 노년사회를 위한 정책연구를 하는 자치정부의 일원으로 지냈다. 2005년 경제학 부문 저서로 제 48회 니케이상 수상하였다.

04 '글로벌 협력', 위기를 넘어서는 해법

게르하르트 슈뢰더 (전 독일 총리)

나는 인재양성 분야의 전문가가 아니다. 하지만 누구보다 더 인재의 필요성을 절감하는 한 사람이다.

왜 다시 인재인가? 지금 우리에게, 왜 인재의 문제가 중요하게 논의되고 있는가?

지금 국제사회는 세 가지 위기에 처해 있다. 첫 번째 가장 큰 위기는 근 80년 만에 찾아온 국제적 경제위기다. 전 세계가 이번 금융위기로 몸살을 앓고 있다. 두 번째 위기는 기후변화로, 이 역시 글로벌 정치경제 체계에 대한 심각한 도전이다. 세 번째 위기는 정치적 의사결정을 내릴 때 우리가 던지는 질문으로, '냉전 후 어떻게 평화와 안보를 구축하느냐' 하는 문제다. 세 가지 위기 속에서 불확실한 시대를 구할 수 있는 것은 바로 창의적 인재다. 세계적으로 인재 양성

게르하르트 슈뢰더

이 점점 중요해지는 것은 이 때문이다.

한 국가의 노력만으로 위기를 해결할 수 없는 시대

금융시장의 혼란으로 몇 달 전부터 여러 가지 변화가 있었다. 먼저 과잉투기가 시장을 와해시켰으며 그로 인해 많은 국가가 피해를 봤다.

최근 한 조사에 따르면 금융위기로 인한 세계 피해는 10.5조 US 달러다. 1인당 1,500불 정도에 해당한다. 이제 각 국가는 우리가 은행권과 보험회사를 다시 신뢰할 수 있도록 움직여야 한다. 각 정부의 개입과 규제로 많은 나라들의 금융시장은 안정이 되었다. 다행히 각 국가의 경기부양책도 국제적 합의를 기반으로 이행되었다.

그러나 한 국가가 단독으로 취하는 조치는 글로벌 금융시장에 영향을 끼칠 수 없다. 우리는 국제적 규제기관과 국내기관이 제대로 기능할 수 있게 도와야 한다. 규제감독을 할 때, 국내법만 주장하며 은행이나 보험사를 자유롭게 해외에 진출하도록 하는 시스템은 있을 수 없다. 금융시장은 소비자에게 서비스를 제대로 제공하고 투자를 제공하는 기회를 주어야 한다. 대출시장이 다시 활성화되어야 한다. 그렇지 않으면 침체된 경기와 대출감소가 서로 맞물려 전반적 경기위축이 더욱 심각해질 것이다.

경기부양책이 성공하기 위해서는 은행 간 신뢰가 다시 회복되어야 한다. 신뢰를 구축하기 위해 은행권에 필요한 자금을 주고 리파이낸싱의 기회가 주어져야 한다. 금융위기에 대한 단기준비도 중요하지만 금융위기가 실물경기에 끼치는 영향에 대책을 세울 필요가 있다.

금융위기로 인해 80년 만에 처음으로 세계무역이 30%나 위축되었다. 많은 이들이 이번 금융위기를 쓰나미에 비유하곤 한다. 매우 적절한 비유다. 사실 지진해일은 첫 번째 파도보다 그 파도가 밀려나갔다가 다시 쓰레기를 몰고 돌아오는 두 번째 파도의 파괴력이 더 크다고 한다.

2009년 초에 돌아온 금융위기는 그 두 번째 파도라고 할 수 있다. 그 충격에 우리 모두는 당황할 수밖에 없었다. 그러나 다행히 정계와 중앙은행이 신속히 대처해 문제는 어느 정도 진정되었다. 이것은

지난 세계대공황 때 정치인들이 잘못된 방향으로 결정을 내린 것과
는 달랐다.

전 세계의 정부들이 경기부양책에 쏟아 부은 돈은 글로벌 GDP
의 4%다. 미국이 8천 억 불로 가장 많이 투입했고 중국은 약 5천 억
불을 투입했다. 내수 수출도 약화된 상황에서 다행히 각 정부의 경
기부양책은 효과가 있었다. 일본 다음으로 크게 위축됐던 독일도
2/4분기에는 흑자를 기록했다. 2010년에는 독일이 1.5% 성장할 것
으로 보고 있다. (그러나 전체를 놓고 봤을 때 독일 GDP는 전년대비 4.5%
하락될 것으로 보인다.)

이제 경기침체가 바닥을 쳤다. 다른 국가에서도 조금씩 회복의 조
짐을 볼 수 있다. 중기적으로 약간의 희망이 보인다. 국내외적으로
글로벌경제가 다시 제대로 기능하도록 신속하고 정확하게 움직여야
한다.

글로벌 경제 질서의 새로운 주인공

금융위기가 가져온 또 다른 전환점은, 이제 신흥공업국의 국제적 위
상을 인정해줄 때가 왔다는 점이다. 브릭스(BRICS, 브라질·러시아·인
도·중국 등 신흥경제 4국)나 한국 같은 신흥 공업국은 지난 몇 년 전부
터 경제 정치적으로 더 많은 영향력을 행사하고 있다.

능력이 늘어나는 것만큼 책임도 늘어난다. 국제사회를 두 갈래로

게르하르트 슈뢰더 전 독일 총리가 제4회 글로벌인재포럼에서 '21세기 글로벌 리더십의 청사진'이란 주제로 기조연설을 하고 있다.

구분하는 기존의 입장을 버릴 때가 되었다. 신흥국가도 국제기구나 협의체에서 그들의 목소리를 내야 한다. IMF나 다른 국제위원회, 합의체에서도 더욱 큰 목소리를 내길 바란다.

이런 시점에서 한국이 G20을 개최한다는 것은 매우 고무적인 일이다. 독일 총리로 일할 때, 나는 G8과 UN안보리 회원국을 늘리자는 제안을 했었다. 이런 국제기구는 세계 경제를 위해 포괄적 개혁을 주도할 수 있다. 신흥국에게도 문을 열어줘야 한다.

이번 금융위기는 우리에게, '국제적인 문제를 해결하려면 함께 머리를 맞대야 한다'는 소중한 진리를 일깨워주었다. 앞으로 세계평화와 안정을 위해서도 우리는 함께 움직여야 한다.

국제기구와 협의체에 신흥국들의 확대가 절실한 또 다른 이유는 금융시장 안정이다. 국부펀드로 묶여진 그들에 대한 재정적 자원이 필요하다. 신흥공업국이 은행이나 보험사에 투자한다면 이런 나라들이 금융시장에 신규자본을 투입하고 도움을 줄 수 있다.

세계 경제가 원하는 것은 바로 이런 투자다. 전 세계적으로 자본뿐만 아니라 지식의 투자도 필요하다. 해외시장 진출이 한 국가의 경쟁력을 좌우한다. 결국 개방적 경제가 성공으로 이어진다. 시장개방은 필요하고 적절하다. 시장개방의 기회를 잡기 위해 산업별로 각 회사는 경쟁력이 있어야 한다. 해외시장에서도 살아남을 수 있는 힘이 있어야 한다.

외국자본의 투자가 있다면 가능하다. 이런 자본은 외국의 국부펀드나 국영기업에서도 나올 수 있다. 국제사회가 신흥공업국의 경제를 통합시켜줘야 한다. 자유 시장, 투명성 재고, 보안을 강화하는 규제를 통해서 말이다. 더 중요한 것은 이러한 경제적 개방과 통합, 글로벌화가 진행되면서 법치주의와 다자주의가 더 많은 국가들에 자리를 잡으리라는 점이다. 이번 글로벌 금융위기는 세계화가 민족뿐 아니라 민간기업의 발목도 잡을 수 있다는 걸 보여줬다.

자유무역 막는 보조금 철폐해야

오늘날 우리 모두는 글로벌화한 세상을 일상생활 속에서 피부로 느끼고 있다. 물론 때때로 세계화에 무력함을 느낄 수도 있다. 이러한 목소리와 비난에도 우리는 귀 기울여야 한다.

전 세계 리더와 지도자는 세계화가 모두를 위한 길임을 스스로 깨닫고 이를 국민들에게 설득할 필요가 있다. 글로벌 비즈니스를 통한 자유무역이 이를 가능하게 할 수 있다.

요컨대 '인간적인 세계화 과정'이 절실히 필요하다. 세계화, 글로벌화를 논할 때 중요한 한 가지는 정치적 의사결정 과정이다. 우리 모두가 지킬 수 있고 믿을 수 있는 규제와 합의로. 이런 규칙들이 있으면 자유로운 세계무역과 경쟁이 보장된다. 전 세계 모든 국가들이 글로벌 경제 네트워크에 참여하도록 노력해야 한다.

세계화로 이득을 보는 사람과 피해를 보는 사람이 나눠져서는 안 된다. 이런 일이 벌어지도록 방관해서도 안 된다. 가난한 국가들도 글로벌 시장에 다가갈 수 있도록 지원을 아끼지 말아야 한다. 무엇보다 불리한 관세나 보호주의로 이들을 밀어내거나 막아서는 안 된다. 개도국의 제품이 보다 쉽게 세계시장에 진출할 수 있도록 도와주며, 자유무역을 막는 보조금도 철폐해야 한다. 내가 최근 몇 년간 도하협상을 지지한 이유도 이 때문이다.

이제 WTO 회원국 모두가 글로벌 경제 발전을 위해 위대한 결정을 내려야 한다. 공산품에 대한 관세도 인하하고 서비스산업의 자유화를 제대로 이행해야 한다. 또한 농업보조금을 축소해야만 도하협상이 성공적으로 타결될 수 있다.

절충안을 찾기 위해 모든 국가 특히 미국과 유럽 서로가 어느 정도 양보해야 한다. 다자간 무역체제는 다른 어느 체제보다도 공평하고 우수하다. 다자간 접근방식만이 세계화의 가시적 혜택을 사람들에게 제대로 보여줄 수 있다. 세계화가 진행되는 이 시점에 폭넓은 번영과 사회 안정을 보장하기 위해서는 무엇보다 교육과 연구, 혁신에 집중해야 한다. 보다 많은 노력과 관심을 교육·연구·혁신에 기울여야 한다. 이 분야만이 더 큰 가능성을 가지고 있다.

선진국들은 미래에 대해 보다 많은 투자가 필요하다. 보육·학교·대학·연구에 대한 투자를 늘려야 한다. 국가가 경제·사회·문화적 성공을 이루려면 사회가 갖고 있는 재능과 실력 그리고 기술적 잠재력을 십분 활용해야 한다. 여기서 강조하고 싶은 것은 '우리가 갖고 있는 모든 재능을 발휘해야 한다' 는 점이다. 숨겨진 재능과 자원을 모두 써야 한다. 우리 모두는 최고의 교육을 받을 기회를 가져야 한다. 그것이 우리의 권리다.

가난하다면 국가나 사회가 지원해줘야 한다. 아이들이 교육의 의무와 혜택으로부터 소외되지 않도록 각종 사회적인 프로그램, 기부 등이 뒷받침되어야 한다. 부모가 돈이 있어야만 좋은 교육을 받는 시대는 지나가고 있다. 최고의 교육을 받은 젊은이들만이 험난한 취업시장에서 경쟁할 수 있다.

날로 심각해지는 환경문제

기술발전에 대해 더욱 열린 자세 또한 중요하다. 미래 세계는 혁신

부문에서의 진보와 발전이 있어야만 그 전망을 밝게 할 수 있다. 운송, 에너지, 유전공학, 정보통신 그리고 커뮤니케이션 분야도 마찬가지다. 좋은 아이디어를 성공적인 제품으로 만들기 위해서는 창의성과 위험을 감수할 수 있는 과감한 투자가 있어야 한다.

정부는 이와 같은 과정이 잘 이뤄지도록 지원해야 한다. 그리고 해당분야의 연구 환경을 위해 재정 여건을 개선해야 한다. 사회 전반의 관심과 열의도 중요하다. 특히 혁신과 과학에 대한 젊은이들의 열정이 소중한 자산이다. 정부뿐만 아니라 산업과 사회 전반의 모든 주체가 협력하고 지원이 이루어지도록 해야 한다. 그래야 대중의 관심을 이끌 수 있다.

전 지구적인 환경 문제, 기후변화도 관심거리다.

UN의 기후변화 보고서를 보면 그 심각성을 알 수 있지만, 우리가 빨리 손을 쓰지 않으면 세계 기후는 급격하게 변화할 것이다. 이즈음도 홍수, 사막화, 극단적 날씨 변화로 인해 수백 만 명의 인류가 고통 받고 있다. 지난 12년 동안은 세계 기온측정이 시작된 이래 가장 더웠다. 금세기에는 세계 온도가 섭씨 5.8°까지 상승할 수 있다고 한다.

물에 대한 문제도 심각하다. 전 인류 가운데 13억 명 정도가 깨끗한 식수를 얻지 못하고 있다. 중동과 극동에서 물은 싸워 쟁탈해야 하는 귀한 자원이 되었다. 환경과 상황은 악화될 것이고 빈곤과 폭력, 이주는 늘어날 것이다.

기후변화는 또한 정치적인 위험도 안고 있다. 지정학적 위치 때문이다. 동시에 경제적 위협이기도 하다. 생태계 파괴로 엄청난 비용이 발생할 것이다. 더 적극적인 국제적 합의를 통해 온실가스를 감축하고 기후변화 속도를 늦춰야 한다. 새 에너지를 개발하고 화석연료를 줄여야 한다. 에너지 효율성을 향상시키고 재생에너지를 활용해야 한다. 에너지 효율을 향상시킴으로서 석유, 가스, 우라늄에 대한 의존도를 낮출 수 있다.

개개인의 주거 생활이나 교통 문제에 있어서도 다양한 에너지 절약법이 있을 수 있다. 독일에서 새로 짓고 있는 발전소는 24년 전에 비해 에너지효율이 20%나 높다. 독일과 일본은 에너지 분야에서 세계를 선도하고 있다. 재생에너지 확산에서도 마찬가지다.

세계 선진국들은 전력발전 부문의 현대화를 이룰 수 있는 공통의 전략을 마련해야 한다. 인도, 중국, 미국이 내리는 결정들과 이들 국가의 새로운 정책이 궁극적으로 환경적 지구 미래에 중요한 역할을 할 것이다. 산업발전의 여파로 중국은 전 세계 CO_2의 20%를 배출하고 있다. 이제 중국은 2020년까지 수력발전을 20배, 풍력발전은 30배, 태양광 등은 오늘날보다 12배 정도 늘린다고 한다. 올바른 방향이지만 이것으론 부족하다. 현재 우리의 삶을 영위하기 위해 미래 자녀들의 희생을 요구해서는 안 된다. 이제 선택의 여지가 없다. 에너지 정책의 근본적 변화가 있어야 한다. 다른 대안은 없다.

에너지 공급 안정성과 세계안보

우리가 직면한 세 번째 도전과제는 세계안보다.

21세기라고 해서 과거보다 더 안전해질 것 같지는 않다. 세계는 국제테러의 위협에 노출되어 있다. 민간 수준의 조직폭력, 국가의 붕괴 및 해체, 대량살상의 위협도 존재한다. 오래 묵은 지역분쟁이 평화와 안정을 가로막고 있다. 이는 해당 국가뿐 아니라 멀리 떨어진 국가들에도 해당된다.

주요 원자재에 대한 접근성이 21세기 글로벌 안보문제로 부각되고 있다. 지난 몇 년 간 에너지 부분에서 자원공급에 대한 글로벌 기준틀이 크게 바뀌었다. 중국과 인도에서 엄청난 수요가 발생하고 있으며, 유럽은 재생 에너지 개발을 위한 많은 노력에도 불구하고 화석연료 수입 수요가 더 늘어날 것이다. 기존의 원유 및 가스수출국도 매장량이 바닥을 보이면서 수입국으로 돌아서게 될 것이다.

이제 우리는 에너지가 안보에 얼마나 중요한 요소인지 깨달았다. 세계 경제의 에너지 공급 안정성을 확보해야 한다. 이를 위해 다자간 접근법이 필요하다. 에너지를 단독으로 해결할 수 없기 때문이다. 글로벌 에너지 안보를 위해 모두가 협력해야 한다. 에너지가 권력이나 통화가 되어선 안 된다.

협력적인 에너지 안보체계가 필요하다. 이를 위해서는 에너지 공급 생산자, 중계자, 민간의 협력이 있어야 한다. 국제 원자재 수입원의 안정을 위해서는 현재 붕괴와 해체 위기에 놓여있는 국가들의 안정이 필요하다. 탐사와 새로운 인프라에 대한 투자도 적극 진행해야 한다. 장기적으로 볼 때 안정된 에너지 공급 방법은 '신중하고 분별력 있는 자원의 사용'이다.

오늘날 세계의 어떤 국가도 이 많은 도전과제를 혼자 극복할 수 없다. 이를 위해 강력하고 확실한 다자간 체계가 요구된다. 적자생존보다 법치가 중심이 되어야 한다. 다자간 체계에서 협력과 연대를 도모하고, 각자의 '상충되는' 이해관계를 잘 조율해야 한다.

이는 국제안보 측면에서도 마찬가지다.

안보라는 것은 단순하게 경찰력이나 군사력으로 보장되는 게 아니다. 장기적으로 테러를 극복하기 위해서 사람들은 자신들의 삶에서 긍정의 희망을 찾아야 한다. 다시 말해 "폭력은 안 된다!"고 말할 때, 이것이 자신의 삶에 이익이 된다는 사실을 깨달아야 한다.

광신의 온상을 없애길 원한다면 정치적·물질적·문화적 안보를 더욱 향상시켜야 한다. 따라서 중동지역의 안정을 독려하고 지원하기 위해 우리는 최선의 노력을 기울일 필요가 있다.

이라크를 우선적으로 생각해보자. 이라크와 주변의 안정 도모를 위해 이 지역의 국가들이 국제사회에 나와야 한다. 시리아가 중요한 역할을 해야 한다. 또한 이란과의 대화도 중요하다. 아프간의 경우, 아프간 내부 문제는 그들에게 맡겨야 한다. 해결을 위해서 국제적 지원은 물론 아프간 국민들의 의지가 중요하다. (현재 아프간의 지도층은 이런 측면에서 부족한 모습을 보이고 있다.) 카불의 주체들이 많은 경우 국제사회의 도움을 바라기 때문이다. 아프간의 자금력을 강화시키는 것도 중요하다. 행정기구나 인프라 측면에서 더욱 그렇다. 탈레반이 무너진 지 7년이 지났다. 이제 기간을 정할 때가 되었다. 아프간이 자금력을 높이고 국제 파병군을 철수하려는 의지가 있어야 한다. 향후 5~6년 내에 가능할 것이다.

마지막으로 이스라엘과 팔레스타인 간의 분쟁을 해결하기 위한 논의도 필요하다. 이들의 분쟁은 해당 지역에 많은 영향을 끼친다. 이 사안의 평화로운 조정은 다른 나라 사람에게도 중요하다. 타 지역의 국제정세가 우리 안보에도 큰 영향을 끼치는 글로벌 세상이기 때문이다. 평화적인 해결은 이스라엘에게 안정적이고 평화로운 국경을 마련할 것이다.

정리해보자. 세계화가 진행되는 지금, 선진국은 '교육, 연구, 혁신에 대한 투자'를 늘려야 한다. 번영과 사회적 안정을 위해 보육, 학교 개발, R&D에 대한 적극적인 투자가 필요하다. 경제 · 사회 · 문화를 발전시킬 수 있는 사회 잠재력을 십분 활용해야 한다. 우리가 보유한 모든 재능을 활용해야 한다. 숨은 재능, 발굴되지 않은 재능을 모두 찾아서 활용해야 한다. 우리가 갖고 있는 자원을 아끼지 말고 써야 한다. 경제적으로 어려운 사람은 국가 재원으로 도와야 한다. 부모가 돈이 없다고 자식까지 안 되는 세상은 바뀌어야 한다. 젊은 세대가 좋은 교육을 받아야 미래에 희망이 생긴다.

기술발전에 대해 열린 자세도 필요하다.

혁신 부문에서의 진보와 발전이 미래 모습을 결정짓는다. 운송과 에너지, 유전공학, IT, 커뮤니케이션 부문도 마찬가지다. 창의적이어야 하고 위험을 감수할 의지가 있어야 한다. 정부는 이를 위해 넉넉한 여건을 조성해줄 필요가 있다.

기후변화에 대해서는, 물에 대한 접근성을 높여야 한다. 중동 지역의 수자원 문제를 이대로 방치할 경우 빈곤과 폭력이 더 늘어날 것이다.

대립보다는 협력이 향후 국제정치에서 중요한 역할을 한다. 이는 이라크와 아프가니스탄의 주요 분쟁에 관련된 문제들, 이스라엘과 팔레스타인 분쟁, 이란의 핵과도 관련되어 있다. 국제사회는 공명정대한 대화와 협력 정책을 지금보다 더 활발하게 사용해야 한다. 이것이 금융위기와 경제위기 해결의 기본적 방법이기도 하다.

게르하르트 슈뢰더 Gerhard Schroeder

1998년부터 2005년까지 제7대 독일 총리를 지냈으며 역사상 가장 개혁(진보)적이었던 사민당·녹색당 연정을 이끈 정치인 게르하르트 슈뢰더는 1944년 모젠베르크에서 태어났다. 아버지는 제2차 세계대전에 참여했다가 전사했고, 어머니는 파출부와 청소부를 전전하며 하루하루 생계를 유지하는 어려운 상황에서 야학으로 어렵게 대학에 입학한 그는 독일 사회민주당에 입당한 뒤 1978년부터 청년사회주의연합 의장직을 맡았고, 1990년부터 8년간 니더작센 주지사를 역임하다가 1998년 9월 독일 수상에 당선되었다. 슈뢰더는 명분보다 실리를 앞장세우고 과거의 굴레에 얽매이지 않는 전후세대의 첫 수상이었다. 그리하여 영국의 토니 블레어, 프랑스의 리오넬 조스팽과 더불어 개혁적 신중도좌파 노선의 새 바람을 일으켰다. 그가 표방한 '제3의 길' 정책은 유럽 사회 전반에 새 물결을 불러일으켰다.

"G20 공조 없는 출구전략 위험하다"
일본식 장기 불황 가져올 수도

'출구전략과 G20회의' 대담 참석자들이 세계 경제위기 등에 대한 의견을 교환하고 있다. 황웨이핑 중국인민대학교 전 경제대학원장, 마틴 펠드스타인 교수, 김인준 서울대 경제학과 교수, 프레드 버그스텐 피터슨 국제경제연구소 소장(왼쪽부터).

▼**김인준(서울대 경제학과 교수)** : 이번 금융위기의 성격을 어떻게 정의할 수 있을까요? 유동성 위기다, 금융시스템의 문제점이다, 하는 진단들이 나오고 있는데.

▼**프레드 버그스텐(피터슨 국제경제연구소 소장)** : 이번 경제위기는 미국의 경제공황 이후 가장 큰 규모의 경기침체를 가져왔습니다. 사람들은 미국발 금융위기라고 말하지만 사실은 전 세계 국가들에 책임이 있다고 할 수 있습니다. 미국에 자산 거품이 생긴 것은 약 달러로 인해 전 세계의 유동성이 미국으로 흘러들었기 때문입니다. 덕분에 아시아권 국가들은 엄청난 무역흑자를 맛볼 수 있었지요.

▼**황웨이핑(중국인민대학교 전 경제대학원장)** : 교역의 불균형 문제와 비슷한 맥락이겠군요. 중국은 전 세계의 생산 공장이고 미국은 이를 소비해줍니다. 두 나라의 무역 불균형이,

결국은 이번 위기를 초래한 중대한 원인 중 하나가 되었지요. 남들보다 뒤늦게 경제성장에 도전한 나라라면 내수보다는 수출에 의존할 수밖에 없는 겁니다.

▼프레드 버그스텐 : 회복의 모습이 V자가 될지 U자가 될지는 결국 이 위기가 다 지난 다음에야 알 수 있는 문제겠지요. 분명한 것은 이 위기가 영원하지는 않을 것이라는 점입니다. 특히 중국은 꽤 좋은 회복세를 보이고 있고, 미국의 회복이 예상보다 늦어진다 하더라도 지금의 중국을 포함한 아시아 국가들의 회복세가 유지된다면 적어도 더블딥은 막을 수 있을 것이라고 봅니다.

세계 경제 회복은 미국 경제의 정상화 시기에 달려 있다

▼마틴 펠드스타인(하버드대 교수) : 중국의 역할이 중요하다는 점에는 저도 동의합니다. 다행히 이번 금융위기는 중국의 수출 의존도를 낮추는 계기로 작용했지요. 이로 인해 자연히 중국 내수도 촉진될 것으로 예상합니다. 하지만 근본적으로 아시아 경제의 부활 여부는 미국과 서유럽 경제가 얼마나 빨리 회복되느냐에 달려 있습니다. 당장 내년에 세계 경제가 정상화되리라고 보기는 힘들 겁니다. 아시아 국가들의 회복세가 뚜렷하기는 하지만 세계 경제를 이끌기에는 이들의 역량이 아직 부족한 것이 사실이지요.

▼김인준 : 현재의 회복세에서 잠재적인 위험 요인이 될 만한 게 혹시 있을까요?

▼마틴 펠드스타인 : 서브프라임 모기지(비우량 주택담보대출) 사태가 어느 정도 진정되긴 했지만 여전히 미국 경제는 시한폭탄과 같은 위험 요인들을 안고 있습니다. 3분기 미국 성장률이 예상보다 높게 나온 것(3.5%)은 사실이지만 이는 정부의 경기부양 조치 덕분일 뿐입니다. 실업률은 여전히 9%를 훨씬 웃돌고 있으며 상업용 부동산 문제도 언제 표면화될지 모르는 게 현실입니다. 추가적인 경기부양 정책이 필요한데, 사상 최대 규모인 재정적자로 섣불리 시행하기 힘든 상황이구요.

▼**황웨이핑** : 그렇기 때문에 중국을 비롯한 세계 각국이 내수 시장을 되도록 빨리 확대해야 하는 겁니다. 미국 경제가 침체되어 있다는 것은, 다시 말해서 수출 주도형 국가들이 물건을 내다 팔 시장의 규모가 줄었다는 말과 같은 의미거든요.

▼**김인준** : 전 세계적으로 출구전략에 대한 논의가 활발한데요.

▼**마틴 펠드스타인** : 각자의 이해관계가 너무 복잡하게 얽혀 있기 때문에 어느 한 국가가 주도적으로 나서기는 힘든 분위기입니다. 그래서 G20이 더욱 중요한 겁니다. 각 나라들의 출구전략 시기와 규모는 모두 다르게 시행될 터인데, 이에 대한 상호 간의 공감대가 형성돼야 합니다. 섣불리 출구전략을 썼다간 위기를 더욱 심각하게 만들 수 있습니다. 일본 장기 불황의 원인이 섣부른 금리 인상에 있다는 것은 너무나 유명한 이야기지요.

아시아 국가들의 회복과 세계 경제 정상화

▼**프레드 버그스텐** : 공조를 해야 하는 것은 맞습니다. 그러나 각국이 처한 상황이 모두 다르다는 점을 감안한다면 이게 쉽지만은 않을 것 같습니다. 실제 이스라엘을 시작으로 호주와 노르웨이 등이 이미 금리를 올리지 않았습니까. 선제적인 금리 인상과 대출 규제 강화로 주식·부동산시장 과열과 인플레이션 등 부작용을 막겠다는 구상인데, 한국도 다른 국가들이 잇따라 금리를 인상할 수 있다는 점을 숙지하고 있어야 할 것입니다.

▼**김인준** : 아시아 국가들에선 IMF의 역할에 대해 회의적인 시각이 많이 나오고 있는 게 현실입니다. 심지어 IMF 대신 아시아통화기금 AMF을 설립하자는 주장도 나오고 있으니까요.

▼**프레드 버그스텐** : 아시아권 나라뿐 아니라 어느 국가라도 최악의 상황에 대비해야

한다는 것은 옳은 이야기겠지요. 하지만 아시아에서 금융위기가 재발할 가능성은 제한적입니다. 지역의 경제여건은 건실한 수준이고요.

▼황웨이핑 : 저는 AMF가 필요하다고 생각합니다. 아시아 국가들은 적어도 지금보다는 외환 의존도를 줄여야 외환위기에 대한 방어벽을 튼튼히 쌓을 수 있는데, 가장 효과적인 방법이 AMF 구축일 것입니다.

▼김인준 : 이번 금융위기로 G20의 위상이 많이 올라갔습니다. 신흥국과 개도국, 그리고 선진국들이 요즘만큼 강력한 공조 체제를 이룬 적도 없지요. 하지만 비상 상황이 지나고 어느 정도 회복이 가시화하니까 사정이 조금씩 변하더군요. 각국마다 자신들이 처한 경제 상황에 따라 G20에서 의논하고자 하는 아젠다도 달라지고 있고요.

▼프레드 버그스텐 : 대표적인 것이 환율 문제죠. G20이 강조한 '글로벌 균형성장' 을 위해서는 중국 위안화 가치를 끌어올리는 환율 조정이 불가피합니다. 하지만 환율 문제가 미국과 중국 간에 워낙 민감한 사안이다 보니 지난번 회의 테이블에는 중국의 반대로 올라가지 않았습니다. 기후변화 협약도 별다른 진전이 없었고.

▼김인준 : 세계적인 환율 재조정이 시급하다는 지적이 잇따르고 있습니다. 미국이 경상수지 적자에 시달리고 있는 반면에 중국은 지나친 흑자를 누리고 있지 않나요?

▼프레드 버그스텐 : G20 회의에서도 글로벌 불균형 해소가 향후 주요 과제로 채택된 바 있습니다. 중국이 수출해 무역흑자를 쌓고 미국은 빚을 내 수입하는 불균형으로는 세계 경제의 지속가능성을 보장하기 힘들겠지요. 때문에 세계 각국이 중국에 위안화 절상 압력을 넣고 있는 것이 사실입니다.

▼황웨이핑 : 중국 정부로서는 장차 위안화가 강세를 띨 것이라는 전망으로 인해 통화정책을 결정하기가 더욱 어려워질 것입니다. 특히 글로벌 시장 회복과 함께 자본 유입이 늘고 미국 달러화가 약세를 나타내면 위안화 절상 기대는 높아지겠지요. 이 결과로 핫머니를 비롯한 엄청난 국제 자본이 중국으로 회귀할 것 같습니다.

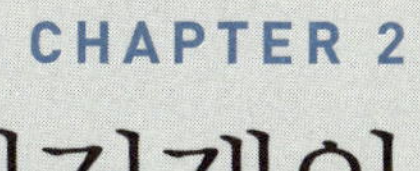

CHAPTER 2

인재전쟁의 서막

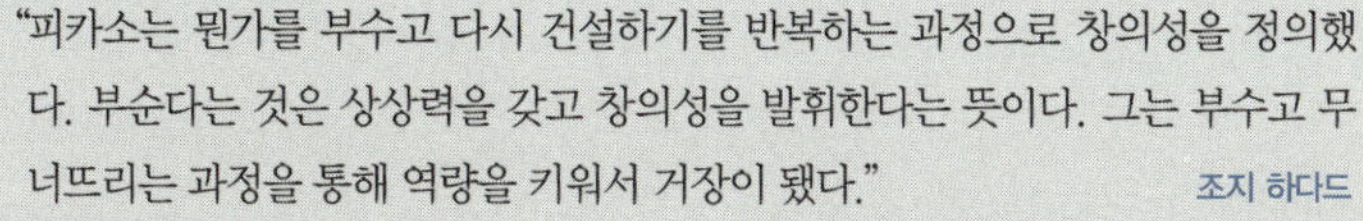

"피카소는 뭔가를 부수고 다시 건설하기를 반복하는 과정으로 창의성을 정의했다. 부순다는 것은 상상력을 갖고 창의성을 발휘한다는 뜻이다. 그는 부수고 무너뜨리는 과정을 통해 역량을 키워서 거장이 됐다."
조지 하다드

"링컨은 사무실이 아닌 현장에서 움직일 것을 강조했다. 리더는 자신이 이끌어 가는 사람들과 고립돼서는 안 된다."
로리 브레슬로우

01 세계는 지금 인재전쟁 중

제2차 세계대전 중이던 1943년 가을. 자존심이 강했던 윈스턴 처칠은 영국 총리 자격으로 미국 하버드대 졸업식에 참석했다. 전쟁을 함께 치르던 미국의 최우수 젊은이들에게 그가 던진 메시지는 '인재론'이었다.

"미래의 제국은 인재의 제국이 될 것이며 미래의 국가들은 부존자원이 아닌 인재를 놓고 치열한 전투를 벌일 것입니다."

역사는 처칠의 예언이 옳았음을 보여줬다. 이후 미국은 세계 최고의 인재들을 배출하면서 세계 최강의 '제국'으로 부상했다.

기업의 역사에서도 통하는 것이 인재론이다. 영국의 식민지 수탈을 위해 1600년대에 세워진 동인도 회사는 지금의 입사시험과 유사한 형태의 시험을 치렀다. 시험을 통과해 동인도 회사의 직원이 된 사람들 중에는 존 스튜어트 밀 같은 당대 영국의 석학들도 있었다. 당시 입사 시험도 인재 변별능력이 결코 낮지 않았던 셈이다.

우리나라에서도 인재의 중요성에 대한 인식이 점점 커지고 있다. 1994년 이건희 삼성그룹 회장의 "좋은 인재 한 명이 10만 명을 먹여 살릴 수 있다"는 이른바 천재경영론이 그 시작이자 좋은 예이다. 삼성그룹 CEO들의 해외 출장 일정을 보면 박사급 인력의 채용 인터뷰가 어김없이 포함되어 있다.

직원 1천 명 가운데 인재 3백~4백 명은 돼야

기업들이 내세우는 '인재경영'은 과거와는 현격한 차이가 있다.

대량생산 시대에 창의적인 인재는 소수로 족했다. 창업주와 극소수의 엘리트 임원들이 상품을 개발하고 생산 시스템을 갖춰놓으면, 대다수의 직원들은 정해진 방침에 따라 열심히 일하기만 하면 됐다. 창의성보다는 근면성이 범용인재의 효용과 무용을 가르는 기준이었다. 그런데 제품의 변화 사이클이 짧아지고 소비자의 욕구도 다양해진 다품종 소량생산 시대로 접어들면서 상황은 달라졌다. 과거 극소수 엘리트 임원들이 했을 수준의 복잡한 의사결정을 팀장이나 더 나아가서는 조직 구성원 한 명이 내려야 한다. 끊임없이 새로운 아이디어를 창출하지 않으면 경쟁 기업에 뒤처진다.

과거의 기업은 1천 명의 직원 가운데 창의적인 인재가 5명 있으면 원활히 돌아갈 수 있었다. 그러나 지금은 그 숫자가 300~400명은 있어야 하는 구조로 바뀌었다. 한국과 같이 '2등 전략'을 써온 국가들은 사정이 더 시급하다. 중국과 인도 등 신흥 개발도상국들이 2등의 자리를 위협하고 있으며 선진국과의 격차는 좁히지 못하는 '넛크래커' 현상 때문이다.

현재의 산업구조를 유지하면서 노동이나 자본의 투입비율을 조정하는 것만으로는 잠재성장률을 끌어올리기 힘들다. 선진국형 지식경제로 탈바꿈하려면 인재 수급 시스템부터 개선할 필요가 있다.

회장이 직접 나서 인재 발굴

텍사스인스트루먼트TI의 CEO 리치 템플턴 회장은 비메모리 반도체 분야 세계 2위인 TI를 이끌고 있는 주역이다.

정신없이 바쁜 일상이지만, 템플턴 회장은 연중 열흘 이상은 반드시 대학을 방문한다. MIT 하버드대 캘리포니아공대 남가주대학교USC 스탠퍼드대학교 등 미국의 손꼽히는 명문대학이 주된 방문 대상이다. 시간이 허락하면 상하이 자오통대학교와 인도 과학대학교IISc 등 다른 나라 대학도 직접 찾아간다. 이유는 한 가지, 우수한 인재를 직접 발굴하기 위해서다.

템플턴 회장이 방문하고 나면 해당 대학에는 한동안 'TI 바람'이

분다. 템플턴 회장은 방문하는 대학에서 그날 하루를 온전히 다 보내는 것으로 학생들 사이에 유명하다. 직접 TI에 대해 자세히 소개하는 것은 물론이고 TI와 협력해 공동 커리큘럼을 만들도록 교수들과 논의하며, 필요할 경우 TI의 장비와 실험실까지 활용할 수 있도록 한다.

템플턴 회장의 활동들은 자연스럽게 대학생들의 TI 인턴 지원으로 연결된다. 실제로 TI는 다른 기업들이 인턴십 제도를 본격적으로 도입하기 전부터 인턴제를 실시했다. 연간 250~300명가량이 TI의 인턴으로 지원해 3개월 교육을 받고 실무를 접한다.

TI 인턴 제도는 성공적이다. 일반 기업들이 인턴 가운데 30~40%만 정규직원으로 확보해도 성공이라고 판단하는 데 비해, TI는 인턴의 85~90%를 정규 직원으로 채용하는 수준이다.

인재 확보는 이제 기업들에게 물러설 수 없는 한판 전쟁이 되고 있다. 불확실성이 높아지면서 탄탄한 조직력으로 위기를 극복하려면 핵심 인재의 확보가 무엇보다 중요하기 때문이다.

템플턴 회장이 직접 인재 리크루팅에 나서는 것도 능력과 열정을 겸비한 핵심 인재를 안정적으로 확보하려는 기업들의 생존전략에 다름 아니다. 얼마 전 전미흑인엔지니어회의NSBE에 참석한 템플턴 회장은 6,000여 명의 흑인 엔지니어들에게 이렇게 강조했다.

"TI는 언제나 열려 있습니다. 여러분들이 우리 회사에 많이 지원하기를 바랍니다."

기업과 세계 주요 대학과의 네트워크

인턴 제도를 통해 인재를 확보하는 또 하나의 기업으로는 세계 최대 생활용품업체인 P&G를 들 수 있다. P&G는 인턴에게도 정규 직원과 똑같은 월급을 주면서 프로젝트를 맡긴다. 보통 2개월 남짓인 인턴 기간에도 실무를 효과적으로 달성할 수 있도록 주변에서 적극적으로 도와준다. 자연스럽게 인턴들은 회사에 대한 충성심을 갖게 된다.

P&G는 인턴사원을 지낸 사원들 가운데에서 나라에 관계없이 필요한 인재를 골라 쓴다. 예컨대 홍콩에서 인턴 생활을 했더라도 미국에서 채용될 수 있다. 인턴 때 부여된 책임과 권한은 신입사원이 되어서도 그대로 적용된다. 신입사원에게도 중요한 업무를 맡기고 그 결과에 책임을 지게 하는 '조기책임제' 가 바로 그것이다. 인턴과 신입사원을 거치면서, 직원들의 역량은 실제 비즈니스에 곧바로 활용된다.

기업들의 인재확보 노력은 갈수록 글로벌화하고 있다. 특정 지역이 아니라 자국 밖의 여러 국가로. 글로벌 환경의 다양성을 높이기 위해서다. 영국의 항공기 엔진 전문 업체 롤스로이스는 매년 50여 개국에서 인재를 확보하는 데 주력하고 있다. 인재충원을 위해 형성한 세계 주요 대학과의 네트워크는 그대로 롤스로이스의 연구개발 네트워크로 활용되고 있다.

세계 인재 확보를 위한 기업들의 전략은 더욱 다변화되고 있다.

호주 대표기업 맥쿼리 금융그룹은 인재를 추천하는 직원들에게 인센티브를 따로 준다. 나아가 모든 임원들에게는 훌륭한 인재를 채용해야 한다는 의무가 주어진다.

마이크로소프트 Microsoft, MS는 300여 명으로 구성된 인재발굴단, 일명 '캔디디트 제너레이터 Candidate Generator'를 운영한다. 이들이 온종일 하는 업무는 보이지 않는 곳에 숨어 있는 인재를 찾아내는 일이다. 전시회, 세미나, 연구실, 취업설명회까지 인재가 있을 만한 곳이라면 국경을 넘어 어디든 찾아간다. 중국 칭화대학교 출신으로 스탠퍼드대학교에서 박사학위를 받은 인재를 스카우트하기 위해 시애틀 외곽 레드먼드 시 근처에 중국식 기와집을 짓고 샌프란시스코 차이나타운에서 음식을 공수한 것은 유명한 일화다.

"내 업무의 70%는 인재를 찾는 것이다."

스티브 발머 MS 사장의 말이다.

인터넷 구글 Google도 마찬가지다. 직원 14명 가운데 채용담당 직원이 1명꼴. 직원 100명당 1명의 채용담당 직원을 두고 있는 다른 기업에 비해 그만큼 인재발굴에 힘을 쏟고 있는 것이다.

세계 경제위기 속에서 기업들의 인재채용 규모도 줄고 있는 게 사실이다. 구글의 경우 지난 3분기 채용인원이 519명으로 전년도 3분기의 2130명의 1/4 수준으로 줄었다.

그럼에도 글로벌 기업들은 이 위기를 활용해 훌륭한 인재를 확보하기 위한 노력을 게을리 하지 않고 있다. 이럴 때일수록 진정한 창조적 인재를 얻기가 쉬울 테니 말이다. '핵심인재를 얼마나 확보하느냐'가 위기가 지난 뒤 기업의 경쟁력을 좌우하는 중요한 요소가 될 것임을, 이들은 잘 알고 있는 것이다.

지속성장 핵심은 인재확보

"경영은 사람경영이다. 먼저 사람을 생각하고 전략은 그 다음이다."

제너럴일렉트릭GE, General Electric Company의 전 회장 잭 웰치가 한 말이다. MS의 회장 빌 게이츠도 비슷한 이야기를 했다.

"핵심인재가 없다면 MS는 평범한 기업에 불과했을 것이다."

지금은 디지털시대다. 기존의 규칙과 질서가 붕괴되고 변화의 속도가 가속화되며 불확실성이 증대하고 있다. 기업은 이제 한 가지 경쟁원천에만 장기적으로 의존할 수 없다. 항상 새롭고 독창적인 경쟁원천을 창출해야만 생존할 수 있는 시대다. 과거의 틀을 벗어나 남들이 생각하지 못하는 경쟁원천을 발견하는 것은 결국 사람이다. 그래서 미래학자들은 입을 모아 예측한다. 창조력과 유연한 사고를 갖춘 인재가 앞으로는 기업 경쟁력을 더 크게 좌우할 것이라고.

우수인재의 확보와 유치를 위한 인재전쟁은 기업들만의 몫이 아니다. 전 세계 주요 국가들의 정부가 직접 나서서 인재 유치와 확보에 열을 올리고 있다. 중국은 2009년 9월에 이른바 '111계획'을 발표했다. 세계 100위권 내 대학과 연구소의 석학 1,000여 명을 초빙, 중국 내 상위 100위권 대학에 10명 정도씩 배치해 세계 최고의 연구 네트워크를 만들겠다는 구상이다. 일본도 제3기 과학기술기본계획을 통해 1990년대보다 2배 이상 많은 재원을 글로벌 일류인재 유치에 사용하겠다는 방침을 정했다.

이러한 글로벌 인재전쟁 시대에 한국의 정부와 기업은 어떻게 대비해야 하는가?

　첫째, 먼저 기업하기 좋은 환경을 조성해야 한다. 글로벌 우수인재들이 마음 놓고 일할 수 있도록 좋은 일자리를 제공해야 한다.

　스위스 국제경영개발원IMD이 발표한 2006년 두뇌유출지수를 보면 우리나라는 4.91로 조사대상국 58개국 가운데 38위다. 4보다 작으면 두뇌유출이 심각한 수준임을 의미하는데, 그것을 간신히 모면한 정도다. 이것은 우리 경제가 고급인력들에게 매력 있는 일자리를 충분히 제공하지 못하고 있다는 증거다.

　정부는 지속적으로 국내에 좋은 일자리가 창출되도록 기업의 투자의욕을 제고하고 해외로 나가려는 우리 기업들의 발길을 되돌려야 한다. 그러기 위해서 규제 완화와 인센티브 제공 등 기업하기 좋은 나라를 만드는 것이 급선무다. 나아가 적극적인 기업환경 개선과 글로벌화를 통해 세계 일류기업의 지역본사와 연구소 등을 국내에 유치할 수 있어야 한다.

인재 유치는 또 다른 전쟁

둘째, 기업들은 우수인재를 확보하는 데 그칠 것이 아니라 그들을 지속적으로 육성하고 최대한 역량을 발휘할 수 있도록 지원해야 한다.

　세계 일류기업들은 임직원의 역량개발을 위해 적극적인 성장기회 제공과 체계적인 성과관리에 주력하고 있다. 아직까지 우리 기업들은 우수인재를 확보하는 데에만 더 많은 관심을 보이고 있다. 우수 인재를 아무리 많이 확보하더라도 기업에 잘 적응시키고 양성하지 못하면 기업의 경쟁력 강화에 별 도움이 되지 않을 것이다. 핵심인재 양성과 후계자 승계 프로그램, 리더십 파이프라인 등과 같은 육성프로그램을 갖추고 경영리더를 체계적으로 양성하지 않으면 안 된다.

셋째, 지역과 인종을 넘어 다양하게 인재를 발굴해야 한다.

이제 인재의 글로벌 이동은 막을 수 없는 대세다. 다른 세계 낯선 문화를 폭넓게 받아들이는 유연성이 없으면 어떤 기업도 세계 일류기업으로 지속 성장할 수 없다. 국내 기업들이 진정한 세계 일류기업의 반열에 오르기 위해서는 세계로 눈을 돌려야 한다. 우수인재의 확보 대상을 한국인으로만 한정하지 말고 외국인까지 포함해야 한다. 지역적으로도 미국을 중심으로 한 인력을 넘어서 더 폭넓은 다양성을 확대해야 한다. 글로벌 시장으로 성장하고 있는 중국, 인도, 러시아 등 질적으로 우수한 교육을 받은 인력들에게도 관심을 기울여야 한다.

과거 1960년대 후반부터 한국은 지구상에서 어느 나라도 경험하지 못한 30년 이상의 고도성장을 지속했다. 그 바탕에 양질의 인력과 잘 살아보자는 도전의욕이 있었다는 것을 부정할 수 없다. 최근에는 한국의 성장잠재력 저하를 걱정하는 목소리들이 많다. 미래의 지속가능한 성장과 재도약을 위해, 이제 우리 정부와 기업들이 다시 한 번 인재에 대한 관심을 기울여야 할 때다.

세계에서 데려오고 세계로 내보내고

이미 삼성, 현대, LG, SK 등 한국의 주요 그룹들은 전 세계 다국적 기업들과 함께 세계 채용시장에서 한바탕 격전을 치르고 있다.

기업들의 글로벌 인재 충원을 위한 노력은 해가 갈수록 더해가고 있다. 지식정보화 시대로 압축되는 21세기 경영의 성패는 창의적이고 도전적인 인재를 얼마나 확보하느냐 여부에 달려 있기 때문이다.

앞서 잠깐 예를 들기도 했지만 빌 게이츠 회장은 회사에 꼭 필요한 인재라고 판단이 되면 자신의 전용 헬기를 보내 면접을 볼 정도로 세심한 배려를 하는 것으로 유명하다. 삼성은 이건희 회장의 지시로 계열사별 해외 핵심인력 확보실적을 월 단위로 챙긴다. 여기에 한걸음 더 나아가 유학생을 대상으로 미국에서 최초로 공개채용을 실시하는 파격을 선보였다. LG는 몇 해 전 LG전자가 북미 일본 유럽 등 해외 각지에서 20회 이상의 순회 채용설명회를 개최하는 것으로 인재확보에 뛰어들었다. 이어 LG화학, LG디스플레이, LG CNS 등의 계열사들도 글로벌 채용투어에 나섰다. 세계 각지에서 이공계 석박사 유학생과 경영학 석사MBA를 거친 인재 500여 명을 확보한다는 게 LG의 목표다. 이를 위해 부사장급 이상 임원들이 해외출장을 나갈 때에는 "핵심인재 면담, 매장 방문, 해외법인 내 현지채용 외국인력 면담 등 세 가지 임무를 반드시 수행하라"는 지침을 내려놓았다. 현대자동차도 그동안 북미 지역에 치우쳐 진행된 해외 고급인력 선발 범위를 유럽까지 확대했고, SK그룹 역시 최근 글로벌 성장 전략을 위해 외국인

채용을 중국에 이어 베트남, 인도 등으로 확대했다.

국내 인력도 글로벌 인재로 양성해야

해외 우수인력을 끌어오는 일 못지않게 기존 국내 인력을 글로벌 수준으로 양성하는 것도 기업의 중요한 전략이다.

기존 인력을 양성하는 일은 무엇보다 재교육 비용이 거의 들지 않는 데다 인력들이 이미 기업문화에도 적응한 상태인 만큼 유학생 영입보다 훨씬 경제적이라는 이점이 있다.

이 분야에서 발 빠르게 움직이는 기업이 포스코다. 포스코경영연구소는 임직원들을 '글로벌 성장과 혁신을 주도할 핵심인재'로 육성하기 위해 포항공대와 연계한 체계적 인재 육성 프로그램을 가동하고 있다. 또한 해외에 파견된 직원들의 전문역량을 키우기 위해 비즈니스 스쿨 제도를 개선, 해외 주재원으로 파견할 수 있는 인력의 범위를 대폭 확대했다.

LG패션은 글로벌 인재 양성을 위해 몇 해 전 해외연수 제도를 도입했다. 직무 연관성이 높은 유럽 미국 일본 중국 등에 매해 20명가량의 직원을 일정 기간 파견하는 인재 양성 프로그램으로, 회사 조직역량 강화와 직원들의 직무 전문성을 높이기 위한 방편으로 주목받았다.

인재는 모든 가치 창출의 원동력이다

전략적 HR(인적자원, human resource)로의 전환을 시도할 때 가장 먼저 '인재가 모든 가치 창출의 원동력'이라는 원칙을 이해하고 받아들여야 한다. 모든 가치는 인적 역량을 통해 창출되기 때문이다. 제품과 서비스 구상·설계·제조·판매 등은 모두 사람이 하는 일이다. 궁극적으로 사람의 손을 거치지 않는 일은 하나도 없다. 이런 사실을 인정하면 인력과 그들의 역량을 효과적으로 관리하는 것이야말로 가치 창출의 원천임이 더욱 명확해진다. 나는 일부 리더들이 '비즈니스 문제'와 '인력 문제'를 별개로 취급하는 것을 볼 때마다 놀라움을 감출 수 없다. 그들은 사람과 연관되지 않은 비즈니스 문제가 없다는 현실을 망각하고 있다. 사람이 없으면 비즈니스도 없다. 이 둘은 떼려야 뗄 수 없는 하나이다. 이런 시각으로 보면 조직의 입장이 어떠하든 HR 전문가는 가치 창출을 위한 인적 역량의 개발과 활용에 총력을 기울여야 한다는 사실이 명확해진다. 이런 이론적 토대를 현실에 적용하려면 조직 환경과 무관하게 HR 리더들 스스로 자신의 가치를 증대시켜야 한다. 단지 '인력 문제 전문가'로 책상에 앉아 있다가 '인력 문제'가 발생하면 그때에야 논의에 참여하는 방식으로는 불충분하다. HR 리더는 제품 개발, 시장 전략, 재무 분석 등 모든 영역에 긍정적으로 기여함으로써 가치를 증대시켜야 한다. 물론 HR 리더의 주된 전문영역은 인재 활용에 있지만, 그 밖의 비즈니스 측면을 다룰 전문지식을 개발하지 못하면 그는 결코 전략적으로 성공할 수 없다. 조직에 뭐가 필요한지 모르면서 그에 합당한 과정을 어떻게 설계하겠는가. 따라서 이 원칙은 HR 리더가 비즈니스의 모든 측면과 연관을 맺으면서 가치를 증대시킬 기회의 장을 제공한다.

－랠프 크리스텐슨, 《전략적 HR 로드맵》 중에서

02 미래는 얼마나 빨리 변하는가

박영숙 (UN 미래포럼 한국대표)

박영숙

나는 약 30년간 UN 미래포럼에서 한국 대표로 일해왔다. 영국, 호주에서 근무했고 현재 미래국제학교를 운영하고 있다. 이 일을 하면서 느낀 것이 하나 있다면 "미래가 얼마나 빨리 변하고 있는지를 깨달아야 한다"는 것이다.

미래예측 연구는 1966년 세계미래회의에서부터 시작되었다. 칼 세이건은 우주 탄생 이후 150억 년을 1년으로 표시한 우주 달력Cosmic Calendar을 처음으로 들고 나왔다. 이 달력을 보면, 12월 31일이 되어서야 그날 아침에 유인원이 탄생했다. 그리고 달력이 끝나기 1초 전에야 콜럼

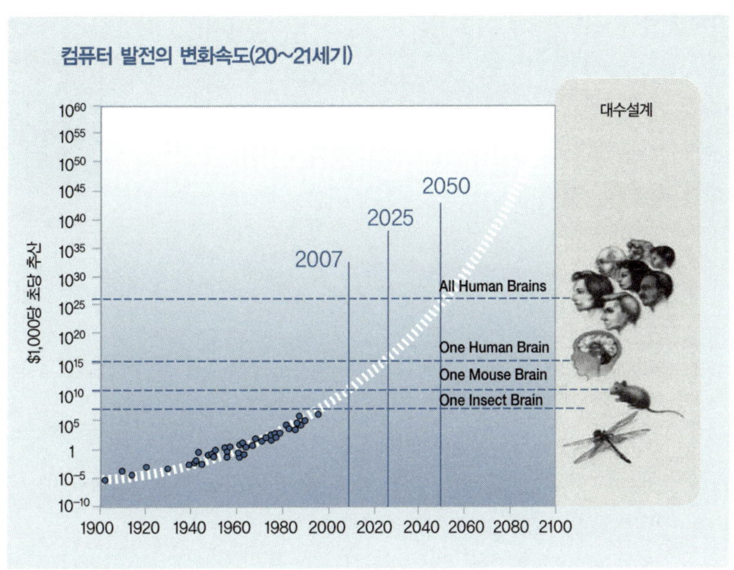

버스가 미국을 발견했다.

반면에 컴퓨터의 변화 속도는 눈이 부실 정도다. 1950년대 처음 발명된 PC는 2007년에 쥐의 뇌에 가까운 지식을 가졌다. 2025년에 사람의 뇌 정도로 발전할 PC는 2050년에는 93억 지구 인구의 머리보다 커질 것이다.

영원한 것은 없다. 기억은 사라진다. GM이나 리먼브러더스 같은 거대한 기업, 심지어 로마도 영국도 영원하지 않다. "미래 사회는 변한다"는 사실만 변하지 않을 뿐이다.

영원한 것은 없다

그렇다면 미래 사회의 메가트렌드는 무엇일까? 8가지 정도로 정리해볼 수 있을 것이다.

미래 사회 메가트렌드

1 **Aging**(저출산, 고령화) : 점차 고령화 사회가 되면서 아동 산업은 소멸할 수 있다.

2 **Blending** (혼합, 지구촌 문화통합)

3 **Climate Change**(기후변화) : 모든 산업이 기후변화에 의해 바뀔 것이다. 인구의 60%가 기후변화로 먹고 살 수 있다.

4 **Development of S&T** (과학기술발전)

5 **Education**(교육) : 'End of reading'이다. 글을 읽는 대신, 목소리로 듣고 읽는 기기를 들고 다니면서 학습하는 세상이 올 것이다. 2년 전 말레이시아에서 PDA를 가지고 설명하는 시대가 열렸다. 선생님이 지식을 던져주는 시대는 끝났다. 내 머리 속에 있는 지식보다 70배나 많은 지식이 오픈소스로 웹 공간에서 돌아다니고 있다. 사이언스 말레이시아 국립대학교. 이곳에서 가장 강조하는 것은 문제해결 능력을 중시하는 교육이다. 학생 나이 15세에 대학에 입학시키자는 의견도 나온다. 한 문제에 대해 영원한 정답이 없는 상황. 그러므로 빨리 대학으로 들어가서 3년은 연구에 종사하고 1년은 자원봉사를 한 뒤 졸업하는 시스템이다. 19세에 일자리를 갖고 25세와 30세에 계속 대학으로 배우러 들어오는 시대가 열릴 것이다. 시험의 시대는 끝난다.

6 **Female**(여성성 강화) : 여성성 강화의 시대가 열린다. 정보화시대에는 정교하고 섬세하고 서비스 마인드가 있는 여성이 더 많은 경쟁력을 갖는다.

7 **Globality** (글로벌화, 국제화)

8 **Home Alone**(싱글, 1인 가구 35%) : Home Alone(1인 가구) 시대가 온다. 주택사업은 망할 것이다. 집을 소유하지 않는 사회가, 고령화로 10가구가 한 집에서 모여 사는 때가 올 것이다. 현재 전 세계 23%의 집이 공짜다. 앞으로 집이 무료로 제공되는 상황이 온다.

문제해결 능력을 키워야

제롬 글렌은 40년 전, UN 미래포럼의 역사를 통한 미래예측에서 '네트워크의 시대'를 예상했다. 현재 유튜브, 위키피디아, 페이스북 등에 나타난 네트워크의 위용을 생각해보라. 가장 먼저 사라질 직업은 출납원Cashier이다. 월마트는 모든 물건에 전자 칩RFID을 부착해 일일이 계산하지 않더라도 계산대 앞을 걸어가면 영수증이 나오는 시스템을 이미 구축했다.

2015년부터는 개인의 사생활 보호가 불가능한 사회가 열릴 것이다. 이에 '블러커 백'이라는, 환자의 병력을 가려주는 제품이 발명될 것이다. 기술의 발전으로 두루마리 노트북 출시되고 아이폰으로 입체영상 통화가 가능한 시대가 열릴 것이다.

융합, 디자이너 베이비

다문화가정이 보편화 된 세상이다. 태어날 아기의 유전적 특징을 선택해 만들어내는 '디자이너 베이비'의 초기 모델이 이미 2000년대 초에 시작됐다. 2018년에는 디자이너 베이비 시스템이 본격적으로 실용화할 것이다.

수명 연장

조지워싱턴대학교의 UN 미래포럼 빌 할랄 이사는 2021년에 인공장기, 2024년 유전자 치료, 2035년엔 수명연장이 가능할 것이라고 전

망했다. 기술의 발전으로 합성생명체 박테리아 창조가 가능해질 것이다. 크레이그 벤터는 줄기세포로 엉덩이와 성대, 심장, 신장을 만들 시대가 가까워졌고, 나아가 돼지와 개의 하이브리드를 비롯해 인간과 동물의 하이브리드도 곧 가능할 것이라고 내다봤다.

장수공학 및 장수연구소 붐

2004년부터 본격적으로 장수 연구가 시작됐다. 그 시초는 진시황일 것이다. 존 랭모어 박사는 2030년에 영생의 시대가 올 것이라고 예측했다. 세포가 영생하는 방법도 발견됐다. DNA 끝에 달린 텔라메어라제가 늙어 노화된다는 연구결과 발표됐다. 미 정부는 이미 '노화는 병'이라고 선언했다.

기술의 발전

기술의 발전은 상상도 못했던 일들을 가능하게 하고 있다. 옷과 모자 등에 잘 휘어지는 태양광 패널을 부착해 전력으로 이용하는 '플렉서블 솔라'가 개발되었다. 솔라 수영복을 입고 수영을 하면서 핸드폰과 컴퓨터를 충전할 수 있는 시대다. 올림푸스는 투명 카메라를 발명했다. 앞으로 투명 컴퓨터, 투명 휴대폰, 투명 냉장고 등이 나올 예정이다. 투명 냉장고는 안에 든 음식들을 금방 확인할 수 있어 편리해질 것이다. 손가락 지문으로 쇼핑하고 결제하며 생각을 말로 바꿔주는 '멘탈 타이프라이터(생각을 글로 적는 컴퓨터)'가 나오면 누워서도 책을 쓸 수 있는 시대가 온다.

문제해결 능력 중시

2017년에는 디지털 격차가 소멸되고 2020년에는 교육 격차가, 2030년이 되면 소득 격차가 소멸될 것이다. 권력 디바이드는 가장 오래 간다. 책은 사라진다. 시험 없이 대학에 들어간다. 캘린더가 필요 없는 시대가 온다. 기기로 공부하게 되며 누구든 어디서든 어떤 기기로든 가능해진다. 문제해결 능력이 중요한 시대가 온다.

다문화 사회

다문화 사회에서는 어떤 기술이 필요한가? 자라나는 아이들이 익혀야 할 미래의 직업적 요구 능력으로는 시간 관리, 스트레스 아래에서 일하는 습관, 팀워크, 컴퓨터 기술, 공동 조직 능력, 창조성, 학습 능력 등이 있다. 바로 이런 기술들을 아이들에게 가르쳐야 한다.

03 미래 인재의 가능성들

계단식 과학발전과 면역체계

_조지 하다드(유네스코 고등교육 국장)

피카소는 뭔가를 부수고 다시 건설하기를 반복하는 과정으로 창의성을 정의했다. 부순다는 것은 상상력을 갖고 창의성을 발휘한다는 뜻이다. 피카소는 부수고 무너뜨리는 과정을 통해 역량을 키워서 거장이 됐다.

20세까지 피카소는 라파엘을 많이 모방했다고 한다. 그 뒤로는 지켜왔던 화풍을 버리고 전혀 새로운 방식으로 그림을 그렸다. 그렇다면 20세까지 라파엘처럼 그렸던 게 무의미한 작업이었을까? 그렇지 않다. 그 역시 배우고 부수고 다시 창의력을 발휘하는 과정이었다고 보아야 할 것이다.

'글로벌시대의 창의적 인재와 교육' 좌담에 참석한 민경찬 연세대학교 대학원장, 해리 패트리노스 세계은행 수석이코노미스트, 버나드 휴고니어 OECD 교육국 부국장, 조지 하다드 유네스코 고등교육 국장(왼쪽부터).

20세기에는 모든 과학 분야에서 혁신이 일어났다. 물리학, 생물학은 물론 사회과학에도 많은 발전이 있었다. 이 같은 발전이 앞으로도 지속될지는 확실히 알 수 없다. 중요한 것은 각 학문의 영역과 경계가 무너지고 있다는 점이다. 학문 간의 접근이 이루어지고 있는 것이다.

토마스 쿤은 《과학혁명의 구조》에서 "과학은 선형적으로 발전하지 않고 계단식으로 발전한다"고 주장했다. 한동안 정체되어 있다가 어느 순간 갑자기 큰 발전이 일어난다는 것이다.

계단식 발전은 기존의 이론에 허점이 생길 때 일어난다. 기존 이론의 타당성에 의문을 제기하는 사람들이 많아지면서 변화가 나타나는 것이다. 몇몇 개인이 의문을 갖는다고 해서 이런 변화가 일어나지는 않는다. 학계 전체가 이상하다고 생각할 정도가 되어야 변화가 나타난다. 그렇기 때문에 과학혁명은 느린 속도로 진행된다.

학자들은 기존의 지식체계에 집착하기 마련이다. 어렵게 얻은 지식을 버리려 하지 않는, 일종의 면역체계다. 새로운 지식체계에 대한 거부반응이라고 할 수 있다. 지식사회 내에서 변화를 따라가지 못하는 사람이 많으면 학문이 느리게 발전할 수밖에 없다. 그래서 신생 학문, 규모가 작은 학문이 더 빨리 발전하는 것이다. 지식사회의 타성은 사회가 개혁하기 힘든 것이라는 사실을 반증한다.

앞으로 대학 교육은 다학제가 아니라 학제 간 방식으로 이뤄져야 한다. 각각의 학문이 각자 연구해서 그 결과를 모으면 된다고 여태 생각했던 것의 결과는 참담했다. 한계가 있었다. 여러 분야를 조금씩만 알고 넘어가는 교육을 의미하는 것이 아니다. 오히려 각 분야를 전문적으로 공부해야 한다. 여러 가지 지식을 연관성 속에서 파악하고 더 다양한 지식을 얻을 수 있는 교육이 중요하다. 모든 사람에게 모든 것을 가르쳐야 하는 시대다.

독립심, 헌신, 책임감과 리더십
_버나드 휴고니어(OECD 교육국 부국장)

농업기반 사회에서 산업 사회로, 산업 사회에서 서비스 기반 사회로 넘어가면서 인간에게 필요한 능력의 범위는 많이 바뀌었다.

21세기에 어떤 재능이 필요한지에 대한 명확한 답은 없다. 그러나

버나드 휴고니어

몇 가지를 제시해본다면 환경의식, 평생교육, 사회적 자본을 위한 기능 등을 들 수 있을 것이다.

지금 우리 인류가 처한 환경 문제를 파악한다면, 학생들은 그 해결법을 스스로 찾도록 노력할 것이다. 환경의식은 그런 점에서 중요하게 요구된다. 문제에 대한 올바른 인식은 미래를 대비하는 학생들에게 무엇보다 필요한 능력이다.

독립성을 갖고, 스스로 헌신하며, 책임을 받아들이는 태도 역시 중요하다. 학교에서 다 가르치기에는 어려운 부분이 있지만 꼭 필요한 덕목이다.

미래에는 평생교육을 해야 한다. 그러기 위해서는 유연한 사고, 새로운 것을 수용하려는 태도, 적응 능력, 공부하고자 하는 동기, 디지털 기술을 활용할 수 있는 자질이 필요하다. 스스로 연구하고 배우는 능력, 창의성과 비판적 사고력도 갖춰야 한다. 리더십과 효과적인 의사소통 기술 등 인간관계 능력도 중요하다.

지역사회의 발전과 전통문화 보존이 얼마나 중요한지도 깨달아야 한다. 사회적 자본과 공동체 구성원들과의 관계도 중요하다. 이를 통해 신뢰, 포용, 단결, 참여 등 시민 사회적 가치를 배울 수 있다.

이러한 능력들이 특히 중요한 이유는 꼭 필요하지만 측정하기 어려운, 그리고 학교에서 가르치기가 쉽지 않은 자질이기 때문이다. 이를 어떻게 교육시킬지, 장차 많은 고민이 있어야 할 것이다.

사립학교의 가능성

_해리 패트리노스(세계은행 수석 이코노미스트)

해리 패트리노스

중산층 이하 저소득층에서 학교를 못 가는 어린이가 적지 않다. 이런 국가에서는 학생들의 학업 성취도에 문제가 있다.

사립학교가 많이 생기면서 교육에 대한 접근성이 좋아졌다. 교육은 기본적으로 국가가 맡아야 하지만 사립학교 제도와 조화를 이룰 때 교육의 효율성과 접근성을 높일 수 있다. 사립학교는 공립학교에 없는 제도를 도입할 수도 있고 교사의 고용이나 해고를 보다 유연하게 할 수 있다. 교육제도를 민영화했을 때 많은 문제가 생길 수 있다는 우려도 있지만 완전 민영화가 아닌 민관 협력 체제를 구축하는 방법이 있다.

사립학교 제도를 통해 성공을 거둔 사례로 필리핀을 꼽을 수 있다. 필리핀은 소득이 낮은 가정의 자녀들에게 사립학교에 갈 수 있는 기회를 많이 제공했다. 1,000여 개 학교의 40만 명이 넘는 학생이 이러한 정책에 힘입어 학교를 다닐 수 있었다.

사립학교라 하면 보통 부유층 자녀가 다니는 학교라는 인식이 크다. 그러나 필리핀은 저소득층 자녀를 사립학교로 유도하며 이러한 문제를 해결했다. 사립학교의 자원을 활용함으로써 국가 전체적으로 교육예산을 줄이는 효과도 거뒀다.

완벽주의 버리고 창의력을 키워야

_민경찬(연세대학교 대학원장)

민경찬

세계가 바뀌고 있다. 모든 국가가 국제 협력에 의존하고 있다. 경제위기를 극복하기 위해서도 그렇고 기후변화, 에너지, 식량, 질병, 자연재해 등 글로벌 이슈를 해결하기 위해서도 그러하다. 이제 국가 간 협력을 빼놓고는 정책을 생각하기 힘든 시대다.

국제 협력을 강화하기 위해서도 교육은 중요하다. 무엇보다도 교육을 통해 사람들이 글로벌한 의식을 가지도록 해야 한다. 글로벌 인재는 '글로벌 공동체를 하나의 가족으로 생각하고 협력하는 사람'이다. 지구온난화와 신종플루를 자신의 문제로 생각할 수 있는 사람이다.

교육은 글로벌 시민으로서 글로벌 공동체에 기여할 창의적 인재를 육성하는 데 초점을 맞춰야 한다. 글로벌 인재는 글로벌 사회의 변화를 예측할 수 있어야 한다. 또한 창의성과 용감한 정신을 갖고 새로운 가치를 창출할 수 있는 능력이 필요하다.

글로벌 인재를 키우기 위해 첫 번째로 필요한 것은 지식이다.

도전적인 사회에서 살아남기 위해서는 충분한 지식을 갖추어야 한다. 그러나 대학에서 깊이 있는 지식을 얻었다고 해도, 졸업 이후에는 학교에서 배운 것과 전혀 다른 (무관한) 상황에 직면할 수 있다. 따라서 변화와 새로운 상황에 적응할 수 있는 능력을 함께 길러야 한다.

두 번째로 필요한 것은 인격이다.

글로벌 인재는 주변의 일에 애정을 갖고 참여하는 적극성을 가져야 한다. 다른 사람과 잘 어울리고, 여러 사회문화적 배경을 가진 사람들과 함께 원활히 일할 줄 알아야 한다. 문화적 차이와 다양성을 존중하고 이해하는 능력이 있어야만 다문화적 사회에서 살아갈 수 있다.

전국경제인연합회에서 대학으로 편지를 보낸 적이 있다. 기업들이 요구하는 인재상을 나열한 뒤, 학생들을 가르칠 때 참고해 달라는 내용이었다. 기업들은 어떤 능력을 가진 인재를 원하고 있을까? 열거된 것들은 전문성, 건전한 가치관, 창의성, 도전정신, 직업윤리 등이었다. 이를 글로벌 인재의 기본 요소라고 할 수 있겠다.

이 같은 사항을 교육의 목표로 삼았다면 대학은 이상의 목표 중심으로 교육 환경을 개선해야 한다. 알맞은 교과과정을 수립하고 인문학, 수학, 과학 등 기초 학문에 대한 수업시간도 늘려야 한다. 대학은 여러 분야가 서로 교차하는 통섭의 시대에 맞는 학생들을 키워야 한다. 변화에 대한 적응력이 중요하다.

그 전에 대학 스스로가 교육철학과 인재상을 수립해야 한다. 그런 다음 그에 맞는 교육 프로그램과 과목을 만들어야 한다. 평가 시스템도 중요하다. 의도한 교육 목표를 효과적으로 달성하고 있는지 수시로 평가할 필요가 있다. 평가 결과에 따라 시스템을 바꿀 수도 있고 새로운 프로그램을 도입할 수도 있다. 이러한 과정이 하나의 주기를 이루면서 지속되어야 한다. 교육과 관련해서 정부도 해야 할 역할이 있다. 새로운 교육환경에서 대학이 제 역할을 할 수 있도록 지원하는 것이다. 중요한 것은 재정적인 지원이고, 더불어 교육기관

창조적 인재의 5가지 유형

	선지자형	관찰자형	연금술형	바보형	협업형
대표인물	아인슈타인, 레오나르도 다빈치, 레이크룩(맥도날드의 창업자)	에디슨, 월트 디즈니, 하워드 슐츠(스타벅스 창업자), 아키오 모리타(소니 창업자)	프랑크 로이드 라이트(건축가), 라파엘로, 밀라드 드렉슬러	제프 베조스(아마존닷컴 대표), 앤드루 와일스(수학자), 샘 월튼(월마트 창업자)	마샤 그레미엄(무용가), 헤밍웨이, 앤드루 그로브(인텔INTEL 전 회장)
창조능력	이미지를 만드는 능력	세부적인 것을 인지하는 능력	영역 간의 연결점을 찾아내는 능력	약점을 역으로 활용하는 능력	단순화시키는 능력
핵심창조 기술	시각화	세부정보 수집 및 호기심	연결에서 아이디어 수집	뒤집기와 엉뚱함	단순함
팀에 대한 공로	미래비전 제시	구체적인 대안 제시	통찰력을 바탕으로 한 해법 제시	역경 속 아이디어 창출	핵심이슈 파악

출처 : 「창조적 인재의 5가지 얼굴」, 안네트 모저 웰만.

에 대한 평가도 중요하다. 정부는 학교별로 교육의 질을 평가할 수 있는 시스템을 만들고 평가를 실시해야 한다.

불확실성의 시대에서 모든 국가와 모든 기관은 전 지구적 문제를 해결하기 위해 협력해야 한다. 또 우리나라가 어떤 나라가 되어야 하는지, 어떤 가치를 추구해야 하는지에 대한 답을 찾아야 하고 이를 바탕으로 교육의 기본 원칙을 생각해봐야 한다.

창의성을 기르기 위해서는 완벽주의를 버려야 한다. 모든 시험에서 100점을 맞아야 한다, 실패하면 안 된다는 식으로 생각하면 안 된다. 학생들이 실패를 두려워하면 새로운 것에 도전하지 않으려 한다. 좋은 의도를 가진 실패는 혁신에 꼭 필요한 과정이다. 창의적인 인재를 키우기 위해서는 이 점을 명심해야 한다.

창조적 인재의 10가지 특징

1 많은 생각들을 끌어 모은다.
2 몇 번이라도 실험한다.
3 자신의 창조성을 굳게 믿는다.
4 긍정적인 자기 이미지를 갖고 있다.
5 팀과 동료에 대한 열정을 갖고 있다.
6 쉽게 결정하지 않는다.
7 남들이 한다고 순응하지 않는다.
8 문제를 풀어내며 결과를 통제한다.
9 꿈을 꾸지만 사리를 분별할 줄 안다.
10 질 높은 상품을 만들어낸다.

—미국 코넬대학교

04 미래의 리더, 리더의 미래

로리 브레슬로우 (MIT 교수학습센터 소장)

리더십이란 무엇인가? 리더십은 광범위한 주제다. 내가 존경하는 리더 몇 명을 소개하는 것으로 이야기를 시작할까 한다. 첫 번째 인물은 미국 16대 대통령 아브라함 링컨이다. 두 번째는 MIT 전 총장 찰스 베스트, 그리고 마지막으로 우리 모두에게 친숙한 UN의 반기문 사무총장이다.

리더는 고립되어서는 안 된다

이 시대는 (그리고 미래에도) 훌륭한 리더에 왜 이토록 집착하는가.

위키피디아의 정의에 따르면, 리더십이란 '어떤 한 사람이 공통

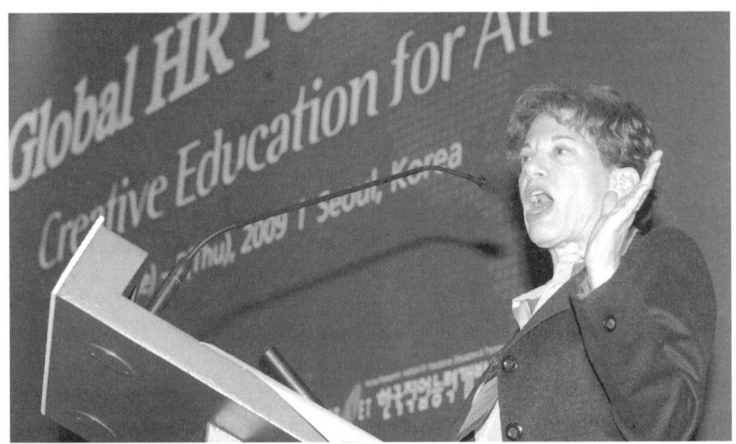

로리 브레슬로우

의 목표 달성을 위해 얼마만큼 타인의 지원과 지지를 확보할 수 있는지에 상응되는 사회적 영향력'이다. 즉, 리더에게는 타인이라는 존재가 필요하다. 혼자만의 힘으로는 리더가 될 수 없다. 리더란 모든 권력을 가지고 있는 사람이 아니다. 리더는 일을 지시하고, 명령하고, 원하는 바를 스스로 해낼 수 있는 그런 사람이 아니다.

리더는 문화적 차이를 지닌다.

미국은 개인주의적이다. 모든 사람이 스스로 알아서 행동한다. 반면 한국은 집단주의적이다. 모든 사람들이 함께 일한다.

나는 뉴욕 출신이다. 2009년 3월 10일 《뉴욕타임스》에 실린 한 기사는 리더에 대한 관념이 서구와 아시아권에서 어떤 식으로 차이가 나는지를 다루었다. 리더가 리더일 수 없는 것은 무능력해서가 아니다. 리더의 조건을 제대로 수행해내지 못해서다. 지금 한국의 경제는 어떠한가? 좋다고 할 수 없다. 뱅크오브아메리카의 전 은행장은 경제가 악화된 것과 관련해 비난을 면할 수 없었다. 전 세계 최대 규모 은행의 은행장이었음에도, 《뉴욕타임스》에 따르면 그는 리더가 아니다. 너무 개인주의적이었기 때문이다. 회사의 직원들을 껴안고 공동의 목표를 달성하는 데 실패했기 때문이다. 그는 사람들을 독려하지도 못했고, 영감을 주지도 못했으며, 도리어 사람들로부터 미움을 샀다. 이와 대비해 도요타 사장의 경우 도요타 문제에 관해서 일본 사람들뿐 아니라 미국 사람들에게까지 사과했다. 미국에서는 대기업 사장이든 CEO든 의장이든 대표이사든 사과를 하는 일이 거의 없다. 하지만 일본 사장은 사과한다. 왜냐하면 그는 전체에 대해 책임을 지고 있기 때문이다. 이것이 내가 생각하는 리더십이다.

아브라함 링컨은 사무실에서 벗어나 밖으로 나돌고 현장을 만끽하라고 했다. 자신이 지도하는 사람들과 대화를 나누어야지 혼자 고립되어 있으면 안 된다는 것이다. 또한 연대 협력을 구축하라고 설파했다.

물론 리더 역시 다른 사람의 도움을 필요로 한다. 링컨 대통령은 대통령으로 선출된 이후 자신의 적대 세력을 측근이자 각료로 임명했다. 정적을 포용한 예를 또 찾을 수 있을까? 힐러리 클린턴은 경선에서 버락 오바마에게 패배하고 국무장관으로 임명됐다. 버락 오바마는 복수심이나 분노로 말미암아 행동하지 않도록 항상 조심해야 한다. 정당하지 않은 비판에도 잘 대응해야 한다. 아브라함 링컨은 전시에 지속적인 비판을 들어야 했지만 한 번도 화내는 법이 없었다. 비판하는 사람들에게 맞서기 위해서는 결단력이 필요하다. 비전을 가지고 있어야 한다. 하지만 비전이라는 것은 상당히 모호한 개념이다. 연구와 관찰을 통해서만 제대로 된 비전을 가질 수 있다. 리더라면 방향키를 잡고 어디로 향할 것인지 명확히 알고 있어야 한다. 미국은 통합이라는 비전을 가지고 있었다. 많은 분리주의자들이 있었음에도 통합이 가능하다는 분명한 비전이 있었다.

리더의 커뮤니케이션 기술에 대해서 이야기해보자. 리더가 지시를 내리는 일은 극히 드물어야 한다. 상사가 아랫사람에게 무엇인가를 지시하는 일은 아주 쉽고 자연스럽고 일이다. 하지만 리더가 제대로 된 커뮤니케이션 기술을 가지고 있지 못하다면 아랫사람이 그 일을 제대로 처리 못할 수 있다. 명령을 한다고 해서 모든 일이 잘 처리되는 것은 아니다.

"우리는 하나의 지구를 공유하고 있다."

"리더는 우리를 새로운 곳에 데려가는 사람이다."

찰스 베스트의 말이다. 이처럼 비전 제시는 리더의 중요한 덕목이다. 그런데 더욱 중요한 것은 건전한 가치관이다. 나는 찰스 베스트가 그것을 14년간 실행하는 것을 직접 목격했다. 때로는 인기 없는 주장을 하기도 하고, 미국 고등교육 전반에 악영향을 미칠 것 같은 경우 MIT에 혈혈단신으로 맞서기도 했다. 기존의 것을 쫓는 길이 더

쉬웠겠으나, 찰스 베스트는 힘든 싸움을 잘 견뎌냈다. 덕분에 베스트는 사임 당시 많은 사람들의 눈물샘을 자극하는, 진심으로 존경받는 총장일 수 있었다.

반기문 사무총장의 코펜하겐 연설문 내용은 감동적이었다. 그는 "우리가 하나의 지구를 공유하고 있다"고 했다. 드넓은 우주의 푸른 점 하나를 공유하고 있기에, 각각의 사람과 각각의 국가는 결국 한 배를 타고 있는 것이다. 이것이 비전이다.

슬로안 경영대학원 동료들이 지도자에 대한 연구를 한 적이 있다. 성공적인 리더가 되려면 자신감이 있고, 설득력이 있으며, 자기 자신에 대해서 정확히 파악하고 있고, 도덕적이어야 한다.

지도자는 타고나는 것만은 아니다. 모든 사람들이 리더십을 개발할 수 있다. 물론 선천적인 부분이 있기는 하다. 놀이터에서 다른 아이들을 조직적으로 잘 다루는 아이가 있는 것처럼 말이다. 하지만 리더에 대해서 수년간 연구한 결과, 리더십은 학습될 수 있다는 결론에 도달했다. 실천하고, 무엇을 잘하고 있고 무엇을 잘못하고 있는지에 대해 타인으로부터 피드백 받고, 다시 개발에 나서는 작업이 필요하다. 리더는 이처럼 지속적인 노력을 통해 자기 자신을 교육시키는 사람이다. 그런 과정을 거쳐야만 만족스러운 발전을 이룰 수 있다.

리더의 조건을 정리해보면 다음과 같다.

첫 번째, 센스 메이킹이다.

어떤 일들이 일어나고 있는지 파악하고 이해하는 기술이다. 어떤 조직이든 모든 것을 알려주지는 않을 것이기 때문에 스스로 상황 파악을 할 수 있어야 한다.

두 번째, 핵심적인 관계를 구축하는 것이다.

세 번째로는 비전을 갖는 것이다.

마지막으로 창조하는 것이다.

함께 일하기 좋은 길을 갈고 닦아야 한다. 그래야만 한층 더 나은 단계로 도약할 수 있다. 사업의 목적이 수익이든 사회 환원이든, 리더는 목표를 달성할 수 있는 방법을 계속해서 연구해야 한다. 그렇게 한다면 우리 사회 전체를 변화시킬 수 있을 것이다.

로리 브레슬로우Lori Breslow

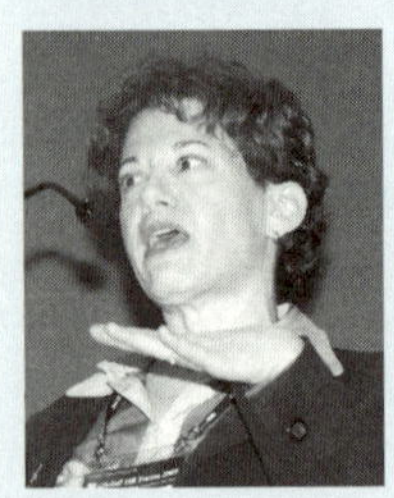

1997년 Teaching & Learning Laboratory (TLL) 창립 때부터 디렉터로 활동해온 로리 브레슬로우 박사는 STEM에서 TLL 개발과 연구 아젠다를 관리하고 있다. MIT Sloan School과 외국어문학부에서 강의했으며 공학교육저널 편집국, MIT Open Course Ware 고문이사회, MIT 교육공학협회의 회원이기도 하다. 남아프리카 공화국의 케이프대학교 공학부에 초빙교수로 재임했으며 조지타운대학교에서도 강연해온 브레슬로우 박사는 단일 학문 위주의 교육보다 학제적 교육을 바탕으로 한 교육개혁에 큰 관심을 보여왔다. 뉴욕대학교에서 소통학으로 박사 학위를 취득했다.

"국가적 팀워크로 교육 개혁한다!"
창의적인 글로벌 인재와 세계 기업들

'창의 인재 양성 방안'에 대해 세계적 교육 전문가들이 토론하고 있다. 피터 치즈 전 액센츄어 글로벌총괄 파트너, 설동근 부산시 교육감, 이주호 교육과학기술부 제1차관, 조지 하다드 유네스코 고등교육국장, 엠마누엘 히메네즈 세계은행 아태지역 교육매니저(왼쪽부터).

▼**이주호(교육과학기술부 제1차관) :** 한국의 많은 국민들이 이즈음 교육 현실에 대해 걱정하고 있습니다. 사교육이 범람해서 그 규모가 30조에 달하는데, 결국 사교육 의존도가 높아져 문제입니다. 자기 주도적 학습역량이 떨어지고 교육 현장의 협동이 잘 이뤄지지 않는 등의 부작용이 나타나고 있거든요. 사교육 팽창이 창의적 인재 양성에 걸림돌로 작용할 것이라는 우려가 있는데, 어떻게 생각하십니까?

▼**피터 치즈(전 액센츄어 글로벌총괄파트너) :** 기업이 원하는 인재는 창의적인 혁신과 도전 정신을 가진 사람입니다. 이를 위해서는 고등교육이 매우 중요하죠. 단순히 지식을 전달하는 게 아니라 스스로 자기 주도적 학습을 이뤄나갈 수 있도록 자연스레 각기 다른 방법으로 진행해나가는 교육 말입니다. 멀티미디어를 활용한 수업으로, 마치 기업의 비즈니스 방식처럼, 다양성을 확보하는 것도 의미가 있을 겁니다. 하나의 방법을 통해

다양하고도 광범위한 방법을 고안해내는 창의성! 창의적인 인재를 키워내려면 이처럼 창의적인 교육이 필요합니다. 미국에서는 각자의 취미와 흥미에 따른 다양한 교육이 이뤄집니다. 교육기관이 기업을 초청해 피교육자로 하여금 다른 시각을 갖도록 기회를 주는 것도 좋은 방법이 될 것입니다.

▼**조지 하다드**(유네스코 고등교육국장) : 교육을 오픈하는 것이 가장 중요한 것 같습니다. 다른 기업이나 사회 각 분야에서 강사를 초청하는 것도 하나의 방법이 될 수 있겠네요. 수세기 전 갈릴레오도 같은 시대의 다른 예술가들과 교류를 하지 않았습니까. 창의력은 바로 교류에서 나옵니다. 대화와 커뮤니케이션이 수반되는 교류가 한국 교육 문제를 풀어나가는 열쇠이리라 믿습니다. 또한 한국이 인적 경쟁력을 높이려면 무엇보다 획일적인 교육 방식을 바꿔야 합니다. 교과서에 몰두하는 것보다는 다양한 문제를 해결할 수 있는 능력이, 그 능력을 배양하는 일이 중요합니다. 이를 위해서는 협업과 협동 문화를 몸소 접하게 하는 게 필수적이겠죠.

▼**엠마누엘 히메네즈**(세계은행 아태지역 교육매니저) : 창의적인 인재 양성을 위한 교육 개혁은 한국뿐 아니라 전 세계가 도전해야 할 중요한 과제입니다. 이를 위해 국가적으로 하나의 팀워크를 만들어보면 어떨까요? 중요한 것은 조화를 이룰 줄 아는 지혜와 협동 능력일 겁니다. 한국은 굉장히 작은 부품의 조화로 만들어진 반도체 분야에서 세계적인 기업들을 배출했습니다. 가히 '창의력의 결집Collective Creative Capacity'이라고 표현할 수 있겠지요. 교육도 이처럼 생각하고 움직여야 합니다.

다양성 기반으로 한 창의성과 사고력을 배양해야

▼**설동근**(부산시 교육감) : 창의적인 인재 양성을 위해 부산시는 문화·예술 교육의 활성화에 주력하고 있습니다. 조수미, 남경주 등 이 분야에서 업적을 쌓은 인사들을 명예교사로 초빙해 학생들에게 직접 교육을 시키도록 했지요. 이러한 문화예술 활동에 더욱 많은 학생들이 참여해 다양한 경험을 쌓게끔 도와줄 생각입니다. 1인 1악기 운동을 펼

치고 있는 것도 같은 맥락이지요. 최근에는 아까 말씀하신 팀워크를 강조하는 활동을 위해 축구 동아리 등을 각 학교별로 권장하고 있답니다. 또한 시의 교사들을 미국으로 보내 현지 학생들을 가르치고 수업 참관도 하면서 미국 학생들과 다양한 문화를 공유하도록 했습니다. 미국에서 홈스테이를 하며 미국의 문화를 배우고 온 선생님이 우리 학생들을 지도하는 겁니다. 다문화 이해교육의 일환이죠.

▼이주호 : 학생 선발권에 대한 논쟁이 한때 사회적 이슈로 떠올랐었습니다. 외국어고 등 특목고와 대학 입시가 대표적인 예죠. 점수로만 일률적으로 선발하다보니 점수 따기 경쟁만 치중하는 문제가 이어지고 있는데요.

▼조지 하다드 : 학생 선발은 어느 나라에서나 매우 어려운 문제 중 하나입니다. 입학사정관제가 한국에서도 큰 이슈가 되고 있다고 들었습니다. 입학사정관제 말고도 학생의 잠재능력을 평가해 선발하는 방법은 여러 가지가 있을 겁니다. 개인적인 혁신 등 다양한 능력들을 평가하는 방식이죠. 어쨌거나 추세를 따라가기만 하는 것은 좋지 않은 것 같습니다. 세계를 새롭게 열어가는 능력이 문제 아니겠습니까. 누가 얼마나 성과를 올리는지를 숫자로 따지는 것은 제대로 된 평가 방법이 아닙니다. 협업 없이 혼자서만 잘하는 학생은 미래 사회에서 필요하지 않습니다. 그 학생들이 팀워크를 이룰 수 있도록 도와주는 게 교육기관의 역할입니다. 개별 역량뿐 아니라 사회적 역량을 함께 기르도록 해주는 것이죠.

▼엠마누엘 히메네즈 : 점수 위주의 일률적인 학생 선발, 그것이 바로 한국 교육의 가장 큰 문제 아닐까 조심스럽게 말씀드리고 싶네요. 한 번의 시험 점수에 따라 모든 것이 결정되는 것은 바람직하지 않은 일입니다. 실수를 하더라도 다시 시도해볼 수 있도록 하는 사회적 분위기가 중요하겠지요. 다니던 대학을 그만두고 물류창고에서 일한다고 해서 그 사람을 무조건 실패한 사람이라고 단정 지을 수는 없는 일 아니겠습니까? 오히려 그 사람은 예전에 갖지 못한 경험을 통해 새로운 것을 개발할 수 있는 능력과 기회를 쌓고 있는지도 모릅니다. 진정 좋은 교육시스템은 투자를 하는 것이지 평가하는 것이 아닙니다.

진정한 교육은 평가가 아니라 투자다

▼피터 치즈 : 많은 기업들이 계속해서 고등학교 및 대학교의 교육 능력에 대해 의심하고 있더군요. 졸업자들이 창의적으로 사고할 수 있는 능력이 많이 부족한 게 이유였습니다. 시험은 잘 보는데 사고능력은 부족하다는 것. 앞으로 펼쳐질 지식사회에서는 암기식 교육보단 창의적 교육이 필요합니다. 혁신적으로 판단하고 분석하는 능력, 광범위하게 사고할 수 있는 능력, 효과적으로 협력할 수 있는 팀워크 능력, 그리고 감성적인 능력 등이 미래에 필수적인 능력이 될 것입니다. 한국은 미국과 달리 단일 국가, 단일 민족이라 자유로운 인지능력을 바탕으로 한 사고나 교육이 봉쇄되어 있는 것 같더군요. 좀 더 열린 자세를 갖는다면 창의성을 키울 수 있지 않을까요.

▼이주호 : 오늘 대화의 주제는 '창의적 인재 양성' 이었습니다. 이는 가정 형편이 어려운 학생을 위해서도 중요한 주제입니다. 말씀드렸듯이 한국에서는 입학사정관제가 시행되고 있는데, 사정관들이 어려운 형편에서도 잠재 능력을 보유하고 있는 학생들을 선발하고 있거든요. 이처럼 한 나라의 교육과정은 미래를 내다보고 가난한 학생들도 교육혜택을 받을 수 있도록 해야 할 것입니다.

▼엠마누엘 히메네즈 : 중요한 지적입니다. 가난한 사람에게도 교육받을 기회는 주어져야 하죠. 하버드에서는 학교 성적이 좋지 않은 학생이라도 잠재적인 가능성이 있다고 판단되면 전화로 인터뷰를 합니다. 개인 맞춤형식으로 인터뷰를 할 수 있는 기회를 제공하는 것입니다. 비슷한 과정을 통해, 형편이 어려운 학생에게도 주류사회로 들어올 수 있는 기회를 제공해야 합니다.

▼피터 치즈 : 학생들에게 물건을 만드는 방식을 가르치는 건 중요하지 않습니다. 그보다는 분석적인 사고 능력을 키워주는 게 더 중요하죠. 교육자라면 학생들이 취미를 개발하고 흥미를 키울 수 있도록 도움을 주어야 합니다. 예를 들어 학생들이 IT나 과학에 흥미를 보이지 않는다면, 교수들이 책임지고 그에 대한 흥미를 자극해줘야 하는 거지요. 열정을 가르칠 수 있는 교육 시스템만큼 중요한 것은 없습니다. 지식의 진보는 영

재교육보다는 중간층이 튼튼해야 이뤄질 수 있습니다. 학생들이 무슨 생각을 하고 어떤 행동을 하는지 관찰하기 위해서는, 학교에서 그룹으로 학생들의 상호작용을 지켜보는 것도 좋은 방법이겠지요.

CHAPTER 3

글로벌 인재경영의 조건

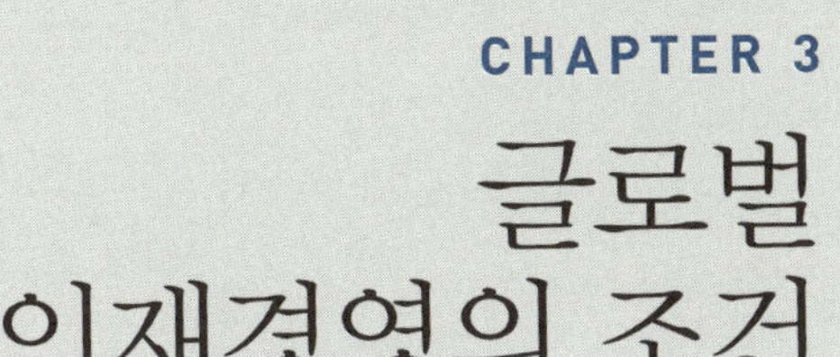

"인재 육성을 위한 기업 간 '마셜플랜' (2차 대전 후 마셜블랜을 통해 서방 세계의 협력이 유럽 재건을 이끈 것을 빗댄 설명)이 필요하다. 승자 독식이 아니라 협업이 절실하다."

프레드 버그스텐

"유능한 인재 확보 위한 글로벌 전쟁은 아직 끝나지 않았다. 경기가 좋아지면 많은 이들이 직장을 떠날 것이다. 가장 먼저 떠나는 사람은 실적이 가장 좋은 우수한 사람이다."

피터 치즈

**아인슈타인, 피카소, 간디, 만델라, 채플린, 레논, 포드 등
세상을 변화시키는 창의적인 사람들에게 바치는 헌사**

미친 사람, 부적응자, 반란자, 말썽꾼, 모난 사람, 사물을 남과 달리 보는 사람……. 그들은 규칙을 좋아하지 않는다. 현상을 존중하지 않는다. 당신은 그들을 칭찬하거나 반대하거나 그들의 말을 인용하거나 불신하거나 욕을 할 수도 있다. 하지만 당신이 할 수 없는 것은 그들을 무시하는 일이다. 바로 그들이 세상을 변화시키기 때문이다. 그들은 발명하고, 상상하고, 치료하고, 탐구하고, 창조하고, 영감을 준다. 그리고 인류를 진보시킨다. 아마 그들은 틀림없이 미친 사람들일 것이다. 그렇지 않다면 어떻게 빈 캔버스에서 예술 작품을 볼 수 있겠는가? 어떻게 가만히 앉아서 연주된 적이 없는 노래를 들을 수 있겠는가? 어떤 사람은 그들을 미친 사람으로 여기지만, 우리는 그들을 천재라고 부른다. 세상을 변화시킬 수 있다고 생각하는 미친 사람들이 바로 세상을 변화시키기 때문이다.

─애플사의 텔레비전 광고 중에서

01 교육, 미래로 가는 길

1 대학의 미래가 세상의 미래다

학교와 교사 평가로 교육 수준을 높여야

_스캇 해리슨(전 영국 왕립교육평가원 평가관)

영국 교육진흥청은 전국의 모든 학교에 대해 주기적으로 학교평가를 실시하고 있다. 상위권 학교는 5년마다, 하위권 학교는 2~3년에 한 차례씩 평가를 실시한다. 교과 과정, 교육 기자재, 교수법 등이 평가의 대상이 된다. 이는 학교평가와 더불어 간접적인 교원평가의 효과로 이어진다.

학교평가의 결과 기준 이하의 점수를 받은 학교 가운데 85%가량

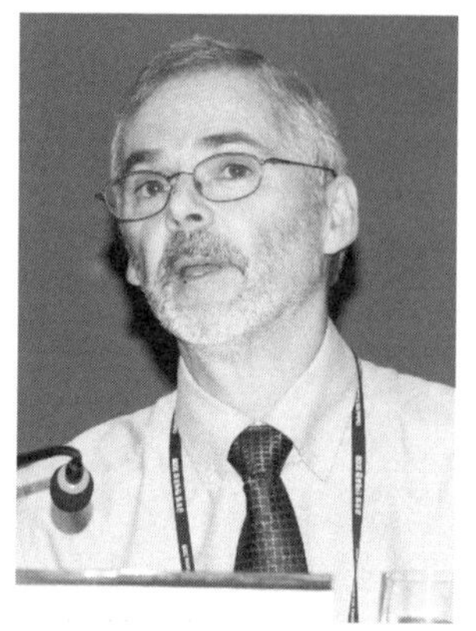

스캇 해리슨

은 다음 평가에서 높은 점수를 받는다. 낮은 점수를 받고도 경쟁력을 강화하기 위한 노력을 하지 않는 학교는 폐교시키는 등 강력한 조치를 취하고 있기 때문이다. 결국 학교평가는 학교 교육의 질을 높이고 학교 간 격차를 줄이는 데 분명한 효과가 있다고 할 수 있다.

학교 교육이 경쟁력을 갖기 위해서는 학교와 교사에 대해 주기적으로 평가해 수준을 높이도록 해야 한다. 교사와 학생 등 학교 내부에 있는 사람들은 스스로의 문제점을 객관적으로 파악하기가 힘들다. 학교 외부에서 이루어지는 학교 평가는 그만큼 중요하다. 교육 수준을 개선하고자 하는 학교 스스로에게도 큰 참고가 되기 때문이다.

학교평가나 교원평가제에 대해 긍정적인 의견만이 있지는 않을 것이다. 특히 한국의 경우, 그 원칙과 필요성에는 공감하지만, 교원평가제에 대해 사회적 공감대가 아직 형성되지 않은 것으로 알고 있다. 앞으로 교원의 수준을 높인다는 장기적인 관점에서 접근해야 논란을 줄일 수 있을 것이다.

또한 평가를 하다 보면 편의를 위해 수치화하기 쉬운 항목에 대해서만 주목하게 되는 우려가 있다. 이 경우 학교 교육의 창의성 등 객관적으로 입증하기 어려운 부분은 소홀해지기 마련이다. 이에 대한 대책이 필요하다.

국가별, 지역별로 처한 교육 상황이 다 다를 것이다. 따라서 각 국의 특수성에 맞는 평가방법을 개발해야 한다. 그리고 평가를 실시할 경우, 영국처럼 결과를 공개해 객관성을 높일 수 있어야 할 것이다.

MIT 대학의 '틸 교실'

_로리 브레슬로우(MIT 교수학습센터 소장)

MIT의 '틸 teal 교실'은 창의성을 높이기 위한 획기적인 인재 양성 교육 방식이다.

틸 교실은 일반적인 강의실과는 구조부터 다르다. 틸 교실에는 교수가 서서 강의를 하는 강단이 따로 없다. 교수의 자리는 따로 정해

틸teal 교실의 모습

져 있지 않으며, 학생들은 여러 개의 원탁에 나눠 앉는다. 교수는 원탁 사이를 돌아다니면서 화두만 던져준다. 5~10명씩 원탁에 둘러앉은 학생들은 서로 토론하면서 문제의 답을 찾아나간다.

요는 강단을 없애고 교수와 학생들 간의 간격을 좁히는 작업이다. 이를 통해 학생들 스스로 창의성을 높여나가는 것이다.

틸 교실을 응용해 한 학기 동안 수업을 진행한 결과, 학습 효과가 30% 이상 향상됐다. 학생의 머리를 열고 지식을 억지로 쏟아 붓는 주입식 교육은 이제 지양해야 한다. 반대로, 학생 스스로가 지식을 구성하게끔 도와줘야 한다.

창의성과 인문학

_데이비드 스코튼(미국 코넬대학교 총장)

데이비드 스코튼

창의성을 높이기 위해서는 또한 인문학 교육을 강화할 필요가 있다.

왜 갑자기 인문학이냐 하는 의문이 생기는 이들도 있을 것이다. 그러나 인문학은 여러 분야를 포괄하는 통합적인 사고의 바탕이다.

변화의 속도가 빠른 시대일수록 비판적 사고력을 함양할 수 있는 인문학의 가치가 높아진다. 글로벌 시대를 맞아,

세계의 다양한 문화를 이해하기 위해서도 인문학은 필수라고 할 수 있다.

예를 들어 소설 한 권을 처음부터 끝까지 읽는 경우를 생각해보자. 이 작업을 통해서도 인문학의 숨은 가치를 깨달을 수 있다. 등장인물들의 성격과 전체적인 줄거리의 흐름, 시대적 배경, 작가의 내면까지 읽으려는 노력은 그 자체로 매우 훌륭한 창의적 사고의 과정인 것이다.

아시아 글로벌 인재 육성을 위한 협력
_가와구치 기요후미(일본 리쓰메이칸대학교 총장)

가와구치 기요후미

세계 경제에서 아시아가 차지하는 비중이 높아졌다. 국제사회에서 이에 걸맞은 역할을 하기 위해서는 교육과 인재 양성에서도 앞서가야 함은 물론이다. 아시아권 대학의 수준을 높이기 위해서는 국경을 초월한 대학 간 협력을 강화해야 한다.

이를 위해 아시아판 '에라스무스 프로그램'이 논의되고 있다. (에라스무스 프로그램은 EU 회원국 대학 간에 상호 학점 인정과 공동 커리큘럼 개발 등을 주요 내용으로 하는 교류협력 프로그램이다.) 이를 위해 한국 중국 일본 등

3국은 얼마 전 중국 베이징에서 열린 정상회담에서 '한·중·일 고등교육 교류협력위원회'를 구성키로 합의한 바 있다. 3국 대학 간 교류협력을 통해 대학의 수준을 높여나간다는 취지였다.

정부 차원의 노력과 더불어 대학들의 자발적인 움직임이 중요하다. 사실 아시아 대학들은 상호 협력을 위한 노력이 아직 부족한 게 사실이다. 앞으로는 교과과정, 장학제도, 기숙사 시설 등 모든 면에서 외국인 학생들을 받아들이기 위한 준비를 해야 한다.

21세기는 아시아의 시대가 될 것이라고 말한다. 그러나 유능한 인재 없이는 불가능한 일이다. 아시아 국가들은 교육의 질을 높이고 글로벌 인재를 키우기 위해 국경 없는 협력을 벌여나가야 한다.

미래의 대학, 어떻게 살아나갈 것인가?

_랄프 아이흘러(ETH취리히공과대학교 총장)

랄프 아이흘러

이번 글로벌 경제위기는 대학의 재정 건전성에도 큰 시련을 안겼다. 대학도 이제는 엄격하게 리스크 관리를 해야 한다. 그래야 지속 가능한 발전이 가능하다.

대학도 일종의 비즈니스다. 교수 채용, 학생 선발 등 대학의 경영 방식도 경영자 관점의 변화가 절실하다. 미래

의 대학은 리스크 관리를 통해 외부 환경의 변화에 적극적이고 전략
적으로 대응해야 살아남을 수 있다.

대학 경쟁력은 국가 경쟁력

세계 경제 변화의 흐름 속에서 대학의 경영 환경도 커다란 도전을
받고 있다. 대학은 그간 세상에서 오랜 세월 동안 흔들리지 않았던
조직이었다. 그러나 이제는 대학도 혁신이 필요하다. 그리고 변화를
가져오는 것은 결국 사람이다. 대학은 적극적으로 인재를 개발할 필
요가 있다.

과거처럼 해서는 대학의 지속 가능성을 보장할 수 없다. 더 나은
연구 및 교육을 위해선 튼튼한 재정을 바탕으로 지속적인 투자가 필
요하다. 특히 재정에 있어서 대학은 기존의 등록금, 정부지원금 등
에만 의존해서는 안 될 것이다.

협력과 팀워크만이 세계 수준의 대학을 육성하는 유일한 길이다.
고령화, 기후변화 등 글로벌 문제해결을 위해선 과학적 접근법이 필
요하다. 성공적 접근을 위해선 세계 여러 나라 대학들 간의 공조가
필요하다. 대학교의 경쟁력은 곧 국가경쟁력이다. 21세기 지식기반
사회에서 국가경쟁력을 제고하려면 창의적 인재 육성에 총력을 기
울여야 한다. 무엇보다 중요한 것은 좋은 인재를 어떻게 끌어들이느
냐 하는 것이다.

한국은 입학사정관제도처럼 점수 몇 점 차이보다 성장잠재력을
감안하는 제도를 도입한 것으로 알고 있다. 이를 위해서는 성적이라

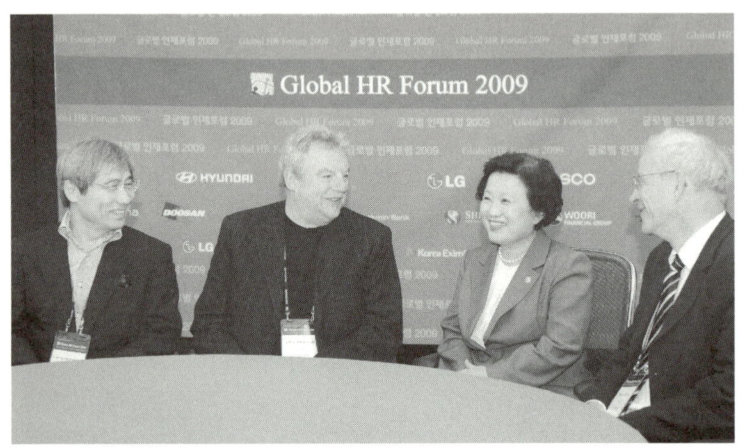

'세계 유수 대학의 우수학생 선발제도'를 주제로 열린 특별좌담. 가와구치 기요후미 일본 리쓰메이칸대 총장, 크리스 웨인라이트 예술협회유럽연맹 회장, 이배용 한국대학교육협의회 회장, 랄프 아이흘러(왼쪽부터) 등이 각국의 인재 발굴 전략을 소개하고 있다.

는 결과뿐 아니라 학생의 의지나 능력 등을 감안하려는 시도를 학부모들이 얼마나 신뢰하느냐가 관건일 것이다. 일본의 경우, 입학사정관제도처럼 인터뷰를 통해 학생을 선발하는 제도에 대한 논란이 뜨겁다. 그렇게 선발된 학생들의 학업능력에 문제가 있다는 지적이 제기되고, 고등학교의 수준을 평가하는 시스템이 잘 갖춰져 있지 않아 고교 간 편차가 심하다는 불만도 있다. 한국 교육계는 일본의 예를 잘 이해해야 할 것이다.

대학도 비즈니스다

우수한 개인을 선발하는 일도 중요하지만, 대학은 다양한 취향과 배경을 지닌 사람들을 조화롭게 선발해 협업을 할 수 있도록 유도해야 한다. 대학에서 인재들의 가능성이 더 넓게 펼쳐지려면 다른 학문과의 연계연구가 활발해져야 한다.

취리히대학교의 경우, 공대에서 배운 지식을 기반으로 경영학과 경제학을 공부해 이후 최고경영자가 될 수 있는 과학도를 육성하고 있다. 지난 10년 동안 취리히공대를 졸업한 학생들은 매년 20~25개의 회사를 설립하며, 이 회사가 5년 후에도 살아남을 확률은 무려 80%에 달한다.

요는 대학이 학생들에게 무엇을 어떻게 교육시키느냐의 문제다. 여러 분야에 걸쳐 폭넓은 앎을 갖는 것은 중요하다. 그러나 일단 자기 분야에서 자신감이 붙을 만큼 지식과 능력을 쌓아야 한다. 한 분야의 기본기 충실한 '전문가'가 되어야 다른 학문과 협업이 가능하다.

학문 간 연계뿐 아니라 학문과 사회의 만남도 중요하다.

장애인 돕기나 지역사회 문제해결 등 사회 문제를 학생들이 함께 해결하는, '서비스 러닝 프로그램'을 진행한 결과 학생들이 자발적으로 사회문제를 깨닫고 시정해야겠다는 의지를 가지게 되었던 사례가 있다. 앞으로 환경문제와 같은 사회적 문제에 참여하지 않거나 소홀한 대학은 살아남기 힘들 것이다. 미래 대학의 활로는 국제화에 있다. 학부 과정에서는 국내용 인재를 배출하고 석·박사 과정에서는 해외용 인재를 배출하는 데 초점을 맞추는 '이원화'된 대학 과정이 주목받고 있다. 취리히공대는 이를 성공적으로 시행하고 있다. 석·박사 과정에서는 강의를 영어로 진행하기 때문에 세계 각지에서 인재를 받아들일 수 있는 장점이 있다. 특히 외국인 학생을 선발할 때에는, 퇴직한 교수들에게 인터뷰를 맡겨 향후 가능성을 타진할 정도로 심혈을 기울인다.

개방 전략이 대학의 경쟁력을 담보한다. 대학의 의무는 어디까지나 최고의 경쟁력을 확보해 학생들의 앞길을 열어주는 것이다.

인재는 모든 가치 창출의 원동력이다

가상공간이 '거대 교실'로…… 암기식 교육 사라진다.

가상현실 세계가 하나의 거대한 교실로 탈바꿈할 것이다. 이미 가상현실 사이트인 세컨라이프닷컴에서 대거 교육포털이 만들어지고 있다. 당초 2020년께 가상현실교육 보편화가 예상됐으나 3D교육의 성공으로 이보다 5년 앞당겨진 2015년이면 모든 학생이 가상현실포털에서 교육을 받게 될 전망이다.

현재는 가상현실에서의 온라인교육이 제한적이다. 하지만 현재 기업교육은 30%가 온라인으로 진행되고 2년 후에는 50% 이상이 온라인으로 교육 형태를 바꿀 것이다. 온라인대학, 즉 사이버대학에서 꾸준한 성인교육시장이 형성되어 미국인 1억 명이 온라인교육을 지속적으로 받고 있다. 온라인교육시장은 최대 시장으로 각광을 받을 것이다. 인간의 지식 습득량과 지능은 매년 2배로 증가 중이다. 첨단기술 발달로 지식처리 과정이 손쉬워지고 신지식의 접근은 더 용이해질 것이다.

두뇌공학자 제임스 마틴은 《21세기 17대 위대한 도전》에서 "인간의 지적 능력은 매년 2배 혹은 100배로 증가할 수 있다"고 밝혔다. 미국의 수능시험에선 이미 수년 전부터 계산기가 허용되고 있다. 미국 캔자스대학교 물리학과 졸먼 교수는 PDA로 수업하고 시험도 보게 하고 있다. 그는 계산기뿐만 아니라 PDA도 수능시험에 허용해야 한다고 주장한다. 학생들이 인터넷 검색이 가능한 PDA를 시험장에 갖고 들어가게 되면 암기교육은 종말을 고하게 될 것이다. 이제 학생들은 엄청난 정보를 활용해 스스로 무엇을 만들어낼 것인지 궁리해야 한다. 외우기에 능한 현재의 '공부 잘하는 학생'들은 소멸하고, '무엇이든 잘 만들어내는 학생', 즉 상품창조 지식창조에 강한 학생들을 대학이 나서서 뽑으려 할 것이다.

2 앞서나가는 세계의 교육, 세계의 대학들
─스위스, 네덜란드, 러시아와 인도

롤렉스를 키운 스위스의 교육과 직업훈련

스위스 서부의 작은 소도시 그레첸. 이곳엔 스와치 그룹 산하 시계 부품 생산업체 ETA의 실습전용 공장 건물이 있다. 100년이 훨씬 넘은 건물 외관에서 1790년대 세워진 이 회사의 역사가 고스란히 느껴진다.

공장 안에는 눈에 돋보기를 대고 1mm도 안 되는 시계 부속품 25개를 붙들고 씨름하는 어린 학생들이 있다. 제일 간단한 시계를 만들어보는 1학년 학생들. 졸업하는 3학년이 되면 부속품이 200개 정도

한 스위스 학생이 공장에서 기계 다루는 법을 익히고 있다. 스위스 학생들 중 상당수는 중학교를 졸업한 뒤 직업학교에 진학해 학교와 일터를 오가며 직업훈련을 받는다(스위스 연방정부 직업교육기술 관리기관 OPET 제공).

들어가는 정교한 시계를 만들 수 있다고 한다. 이곳에서 배우는 15세 학생 마키아스 예커는 말한다.

"직접 일을 해보니까 '아름다운 직업'이라는 느낌이 든다."

장인을 키우는 스위스의 교육 정책이 피부에 와 닿는다.

학생 60%가 직업학교 진학

건물의 다른 층에서는 부속품을 만드는 금형기기에 대한 교육이 실시되고 있다.

예커는 설계도에 따라 알루미늄으로 금형을 만들었다. 그는 현재 공장에서 20여㎞ 떨어진 곳에 살고 있다. 중학교를 졸업하기 전에 직업학교를 다닐지를 선택하기 위해 사흘간 실제 시계 생산 작업을 경험해보는 중이다.

교육받은 지 이틀밖에 안됐지만 예커가 만든 금형 틀은 생각보다 정교했다. 예커처럼 중학교 때 직업 활동을 경험해본 스위스의 학생들 상당수가 직업학교를 택한다. ETA에서는 주변 직업학교들과 연계해 연간 180명 정도의 견습생 apprentice을 3년간 교육하고 있다.

장인정신이 깃든 명품으로 인정받는 스위스 시계 산업은 직업교육 없이는 존재할 수 없다.

"시계 산업은 직업교육을 통해 장인을 만들어내고 있다. 학생들은 자신의 선택에 대단한 자부심을 갖고 있다."

ETA 마케팅 담당자 피에르 알랭 뷔에이으의 말이다.

탄탄한 직업교육 체제의 혜택을 보는 것은 시계 산업뿐만이 아니다. 세계 최고 수준의 경쟁력을 자랑하는 스위스 중소기업들은 모두 직업교육을 통해 신입사원을 뽑는다.

한 직업교육 책임자에 따르면 "연간 260명 정도에게 직업교육을 제공하고 이 중 60% 정도가 회사에 신입사원으로 들어온다"고 한다. 나머지 40%는 응용과학 대학에 진학해 공부를 계속하거나 다른 기업으로 간다.

견습생 1인당 교육비는 연간 2만 스위스프랑(2300만 원) 정도가 든다. 그러나 젊고 아이디어가 풍부한 인재들을 지속적으로 공급받을 수 있다는 점에서 정부와 기업 모두 만족하고, 물론 학생들도 큰 혜택을 본다. 스위스의 제품들이 세계 최고 수준으로 평가를 받는 것은 좋은 인재를 확보하고 교육하는 시스템 덕분이다.

르넨 지역 공장에서 전기기술자 교육을 받고 있는 제레미 에르망자르는 자신이 제작한 물건을 자랑스럽게 선보이며 말했다.

"일하는 것이 재미있고 좋다. 일찍 취업한 것에 매우 만족한다."

제품들은 기계적 과정을 거쳐 자동으로 조립되고 생산된다. 기계설비 기술을 배우고 있는 한 학생은 "학교와 달리 기업에서는 최신식 교육용 장비와 원자재를 쓸 수 있다는 점이 좋다"고 설명했다.

체계적인 실무교육으로 만들어진 롤렉스와 오메가

스위스에서는 전체 학생의 60%가량이 15~16세에 직업학교로 진학한다. 한국의 초등학교와 중학교에 해당하는 9년제 의무교육을 마친 후 학생들은 '선택학교selective schools'로 불리는, 대학 진학을 위한 고교와 직업학교 중 하나를 선택한다. 직업학교는 다시 정식 학위(디플로마)를 받을 수 있는 3~4년제와 인증서만 받을 수 있는 2년제로 나뉜다. 만약 학생이 결정에 후회한다면 언제든 다른 길로 옮겨갈 수 있는 길이 열려 있다. 직업학교 졸업 후에도 원할 경우 대학입학능력시험인 '연방 직업교육 바칼로레아트'를 거쳐 응용과학대학 등에 진학할 수 있다.

직업학교에 간 학생들은 학교보다 기업에서 더 많은 시간을 보낸다. 실습 대상 기업과 업무는 학생의 선택권을 존중하는 방식으로 결정된다. 월요일부터 금요일 중에서 3~4일은 기업에서 직업교육을, 1~2일은 학교에서 언어·수학·전기공학 등 이론교육을 받는데 주로 3+2 체제가 많다.

졸업학년에는 각 기업에 여러 주 동안 인턴으로 배치되어 '실전'을 경험한다. 견습생이지만 기업마다 철저한 교육을 시키기 때문에 졸업할 무렵에는 해당 분야의 당당한 전문가가 된다. 기업은 학생들의 교육에 들어가는 비용을 댈 뿐만 아니라 연차에 따라 일정한 봉급도 지불한다.

유럽에서도 스위스의 직업교육 시스템은 특히 기업에서의 실전 경험에 많은 비중을 두는 것으로 유명하다. 그렇다고 기업에만 모든 것을 맡겨 놓는 것은 아니다.

"연방정부와 26개 주정부, 산업별 협회 등이 주기적으로 모임을 갖고 학생들이 어느 학교, 어느 기업에 가더라도 비슷한 수준의 교육을 받을 수 있도록 한다."

스위스 연방정부 직업교육기술 관리기관 OPET 담당자의 말이다.

스위스에서는 공부를 못하는 학생들이 직업교육을 받는다는 식의 편견은 없다.

한국처럼 무조건 대기업이나 공기업을 선호하는 분위기도 찾아보기 어렵다.

좋은 직업교육을 받은 스위스의 학생들은 일에 애착을 갖고 열정을 쏟는다. 더 나은 공정, 더 나은 제품, 더 나은 디자인에 대한 아이디어도 거침없이 제안한다. 생산직이 '2류 직업'으로 여겨지는 한국에서는 찾아볼 수 없는 장인 문화다.

실용주의 네덜란드 대학의 '회사 차리기' 수업

2009년 5월 13일 네덜란드 암스테르담에서 패션쇼가 열렸다. 유명 신발 디자이너 얀 핸슨이 디자인해 남아프리카공화국에서 생산되는 샌들 '플라키' 런칭 쇼. 네덜란드 톱 모델들이 대거 출연하고 주요 정·재계 인사들이 참석한 이 쇼에 네덜란드 언론 수십 곳이 찾아와 열띤 취재경쟁을 벌였다.

이날 주목받은 것은 화려한 무대나 패션이 아니라 이 신발공장 프로젝트를 주도한 2명의 청년이었다. 델프트공대(TU델프트)의 학부생 아르나우드 로젠달(항공공학 전공)과 마이클 뵈리그터(산업디자인공학 전공)가 그들이다.

두 청년이 남아공의 빈민가에 공장을 설립한 것은 2년여 전이다. 두 창업자는 폐타이어를 이용해 편하면서도 최신 유행을 담은 샌들을 만들기 위한 뜻을 모았다. 버려지는 타이어로 인한 환경오염도 막고 지역사회에 장기적인 일자리를 제공한다는 아이디어였다.

이들은 학교의 지원을 받아 얀 핸슨과 네덜란드 자선기구 '키즈라이트'와 협력할 수 있었다. 그리고 2009년 초 70명을 고용하는 진짜 공장을 차렸다.

"동정이나 자선만으로는 사람들의 자립심을 깨우고 발전을 이룰 수 없다. 고용을 창출하는 모델을 만드는 데 특히 노력했다."

젊은 창업자 로젠달의 말이다.

실용주의와 창의성이 결합된 네덜란드식 교육

네덜란드 대학생들에게 기업을 차리는 경험은 드문 것이 아니다.

네덜란드 대학들은 경영학 수업이든 공학 수업이든 대부분 학생들에게 과제를 제시하고, 가능한 방법을 총 동원해 이를 해결하도록 하는 '문제해결기반 교육PBL'을 실시하고 있다. 그리고 상당수 수업은 "지금껏 배운 것과 새로운 아이디어를 바탕으로 기업을 설립해볼 것"을 최종 과제로 제시한다.

독일에서 유학 온 HZ대학 경영학과의 캐롤린 포트는 1학년 때 그룹 활동과 사례 연구 위주로 이뤄지는 소규모 강의를 주로 들었다. 2학년 때에는 교수님의 도움을 받아 10여 명의 학생들이 진짜 회사를 설립했다. 교실에서는 배울 수 없던 값진 경험이었다.

"학교 당국을 비롯해 교수들과 전문가진이 버티고 서서 학생들이 각자의 아이디어를 팀워크를 통해 실현할 수 있도록 지원을 아끼지 않는다."

델프트공대 커리어센터 캐롤린 쉽메이커의 말이다.

네덜란드 대학들은 또 영어가 모국어가 아닌 국가 중 처음으로 영어 수업과목을 개설할 정도로 국제적인 분위기다. 영어로만 진행되는 수업이 1,460여 개에 이른다. 그리고 유학생은 7만 6,000명에 달한다. 이처럼 네덜란드 대학들은 대부분 100여 개국 출신의 학생들이 한 데 모여 있다. 이는 풍부한 아이디어가 나오는 데 좋은 자양분이 되는 네덜란드 고등교육의 특징이다.

실용주의와 창의성이 결합된 네덜란드식 교육. 이는 유럽뿐만 아니라 세계적으로도 점점 더 인정받고 있다. 2008년 《타임스》가 발표한 대학 랭킹 상위 200곳 중 네덜란드 대학은 11곳에 달했다. 네덜란드 전체 대학 55곳 중 20%가 포함된 수치다. 200위 대학 중 절반 이상이 미국과 영국의 대학들이라는 점을 감안하면 상당한 성과다.

네덜란드 교육이 인정받고 있는 것에 대해 네덜란드 교육진흥원 Nuffic 관계자는 "전통적인 실용주의와 개방성을 바탕으로 창의적인 인재를 길러내는 교육을 실시하는 덕분"이라고 자평했다.

수학·과학 영재 교육, 우주강국 러시아의 힘

러시아 상트페테르부르크 국립대학교(이하 상트대) 물리학부 대형 강의실. 화학원소 주기율표가 칠판 한쪽에 큼직하게 자리 잡고 있다. 이 유명한 표는 제정러시아 총리의 명령으로 상트대 설립에 참여한 과학자 드미트리 멘델레예프가 고안한 것이다. 그는 보드카의 알코올 도수가 40도일 때 가장 이상적인 맛을 낸다는 점을 밝혀내기도 했다.

블라디미르 푸틴 총리와 드미트리 메드베데프 대통령을 배출한 상트대는 모스크바국립대학교와 함께 러시아 최고의 명문대학으로 꼽힌다. 물리학부의 경우 전국 수학과학영재학교를 나온 수재들 가운데 매년 200명 정도만 들어올 수 있다. 대학원생을 포함한 학생 1200명에 교수진이 700명. 그래서인지 교수와 학생이 1대1로 토론

식 강의를 하는 모습을 곳곳에서 찾아볼 수 있다.

"상트대는 전통적으로 세계 최고의 물리학을 가르치는 게 목표다. 상트대에서 물리학 인력을 공급하지 않으면 미국 유럽 등 서방의 대학이나 기업연구소 등은 제대로 연구를 진행하지 못할 것이다."

알렉산더 치르조프 물리학부 학장의 말이다. 상트대가 러시아뿐 아니라 세계 주요 지역의 기초과학 인력을 공급하고 있다는 설명이다. 우주과학과 군사무기 분야에서 앞선 러시아의 힘은 이처럼 튼튼한 기초과학에서 나오고 있다.

영재학교와의 연계를 통해 일찌감치 육성

과학기술에 대한 자부심은 상트페테르부르크 폴리테크닉대학교(이하 상트폴리텍대)에서도 찾아볼 수 있다. 상트폴리텍대는 설립 당시 러시아의 산업을 이끌어갈 엔지니어링 지식을 가르치도록 만들어졌다. 빅터 크라스노체코프 대외협력담당 부총장은 "지금은 러시아뿐 아니라 MS, 지멘스, 히타치, GM 등 산학연계를 맺은 기업의 국적만 73개국에 이른다”고 밝혔다. LG전자가 이곳과 함께 프로젝트를 진행하기도 했다.

러시아는 대학과 영재학교의 연계를 통해 수학·과학 영재들을 일찌감치 육성하고 있다. 모스크바에 위치한 콜모고로프 과학수학 영재학교는 모스크바국립대 교수가 직접 나와 가르치며 기업 연구소에 속한 과학자도 강의를 한다.

교육 과정의 50%는 교육부 지침을 따르고 나머지는 과학·수학에 집중할 수 있다. 아나톨리 차소프스키 콜모고로프 과학수학영재학교 교장은 영재교육의 참된 목적과 의미에 대해 다음과 같이 설명한다.

“진학이 목적이 아니라 재능 있는 아이들이 계속 과제를 해결할 수 있도록 창의성을 높이는 것이 영재교육의 참된 목표다.”

기초과학에 대한 자부심을 바탕으로, 상트대는 인천 송도경제자유구역에 물리학부 분교를 설치하는 방안을 모색 중이다.

인재로 넘쳐나는 인도 공대 뭄바이 캠퍼스

골드만삭스가 2020년 세계 경제 4대 축의 하나로 꼽은 인도의 금융 허브, 뭄바이. 그곳에서 35km 정도 떨어진 곳에 뭄바이 캠퍼스가 있다. 인도공과대학교 Indian Institute of Thechnology(이하 IIT) 7개 캠퍼스 중

인도공대 뭄바이 캠퍼스의 중앙 도서관. 학생들의 책을 빌리기 위해 안내 데스크 앞에 서 있다.

가장 높은 세계 랭킹을 자랑하는 곳이다. 교정을 지나면 짙푸른 녹음이 펼쳐진다. IIT는 혼돈으로 가득 찬 뭄바이와 전혀 다른 독립된 섬 같은 곳이다.

입학생 700명 중 외국 학생 한 명도 없어

대학 본관에서 걸어서 15분 정도면 남학생 기숙사에 도착한다. 내년에 졸업을 앞둔 수실 신트레는 소박한 침대와 책상이 놓인 기숙사 방에서 같은 학년 룸메이트와 함께 생활하고 있다. 도서관은 방학인데도 앉을 자리가 없었다. 수업을 마치면 곧바로 도서관이나 기숙사로 돌아와 공부하기 때문에 낭비되는 시간이 없다는 것이 그의 설명이다.

교수와 학생이 1년 365일 함께 이곳에서 살아간다. 그러다보니 시간과 장소의 제약이 없다.

"아무리 악천후라도 수업이 가능하기 때문에 휴강은 없다. 일요일 밤 12시에 수업을 하기도 한다.”

대외협력처장인 수하시스 쵸두리 교수의 설명이다.

IIT는 해마다 700여 명의 학부생을 선발한다. 인도에선 IIT에 떨어지면 미국 MIT를 간다는 얘기가 나올 정도지만, 의외로 IIT엔 외국 학생이 단 한 명도 없다. 우수 외국 학생 유치를 통해 국제화에 열을 올리고 있는 전 세계 명문대학교들의 트렌드와는 어울리지 않는 모습이다.

그 이유는 간단하다. 외국 학생들이 수업을 못 따라오는 것이다.

5년 전 외국 학생들의 입학을 허용한 적이 있었다. 그런데 유학생들은 입학 후 수업에 뒤처지기 시작했다. 그게 큰 문제가 됐다. 지난 2월부터 임기를 시작한 데방 카카 IIT 신임 총장은 “외국 학생을 뽑고 싶지만 우리 수준에 맞는 인재가 없으며, 심지어 1년에 10명 내외로 선발하는 외국인 교환학생들조차도 수업을 따라오게 하려면 신경을 많이 써야 한다”고 말했다. 수백 명에 달하는 석박사 과정에도 외국 학생은 25~30명뿐. 인도 최고의 인재가 곧 전 세계 최고의 인재라는 자부심이 생길 수밖에 없는 일이다.

실제로 IIT 입학시험인 JEE Joint Entrance Exam 는 최고의 학생들만 선발하는 시스템이다. 수재 중의 수재만이 풀 수 있는 JEE는 한국의 서울대학교 학생이 1년 동안 배워야 해결할 법한 수학, 물리학, 화학 문제들로 구성되어 있다. 인도 전국에서 고교 12학년을 마치고 JEE에 응시할 수 있는 자격을 갖춘 학생은 1200만~1400만 명. 이 가운데 수학, 과학을 좋아하는 학생 600만~700만 명이 응시하는데, 상위 1%만이 IIT에 입학할 수 있는 후보군이다.

인도의 퓨전 인재들

최고 수재들이 모인 IIT는 인도 경제, 나아가 세계 경제 인재 보급소 역할을 하고 있다. 미국 실리콘밸리의 창업자 가운데 15%가 IIT 동문이다. 세계 비즈니스의 정상은 IIT 사람들로 넘친다.

영국 통신업체 보다폰의 CEO 아룬 사린, 미국 휴대폰 업체 모토로라의 파드마스리 와리어 최고기술책임자 CTO, 썬마이크로시스템즈의 공동 창업자 비노드 코슬라 등 《포춘》이 선정한 세계 500대 기업 중 IIT 출신 중역이 없는 기업은 거의 없을 정도다.

IIT의 경쟁력은 어디에서 나오는가. 졸업생들이 세계 어디에서도 성공하는 이유는 학교가 특정 이론이나 기술을 가르치기보다 '분석 능력 reasoning'을 길러주기 때문이라는 설명이다. 기본에 충실한 교육을 통해 문제해결 능력을 키워나간다는 것이다.

IITB는 현재 새로운 변화를 시도하고 있다. 2009년부터는 인문학, 법학, 디자인, 경영학 등 새로운 전공과목들 6개를 개설했다. 공대 과목 이외에 전공도 배울 수 있도록 하기 위해서다.

"그동안 공대 과목들만 복수전공이 가능했지만 과목 선택의 폭을 넓혔다. 새로운 학문들 간의 융합을 통해 창의성을 발휘하도록 교육 기회를 확장시킨 것이다."

IITB 카카 총장의 말이다.

IITB는 특히 MBA스쿨과의 벽을 허물었다. 매년 2,500명이 지원해 100명만을 선발하는 IITB MBA스쿨은 공대 출신만이 입학 가능하다. MBA 학생이 학부 수업을 듣고 학부생이 MBA 수업을 들을 수 있도록 했다. 이는 전 세계 다른 곳에서는 찾아보기 힘든 혁신이다. 딜로이트 컨설팅에 근무하다 IITB MBA스쿨에 입학한 아미트 미탈은 이렇게 말했다.

"학부생들도 MBA 수업을 들으며 생생한 현장 정보를 얻을 수 있다. MBA 출신 역시 졸업 후 기본적으로 연봉이 3배 이상 오를 정도로 몸값이 상승한다."

7개 캠퍼스끼리 경쟁

1958년 개교한 IIT는 개발도상국 중 가장 성공적인 고등교육기관이란 평가를 받고 있다. 그 비결은 정부의 전폭적인 지지에 있다. 인도 정부는 IIT 특별법을 지정해 모든 예산을 지원했다. 처음엔 뭄바이, 첸나이, 델리, 마드라스 등 5개 캠퍼스로 시작했다. 이후 1995년 가우하티, 2001년 루르키 등 2개가 더 생겨 현재 7개 캠퍼스로 됐다. 이들 7개 캠퍼스는 학생 유치, 재정 지원, 세계 랭킹 면에서 서로 경쟁하면서 또한 협력한다.

인도 정부는 2008년 8개의 새로운 IIT를 만들었다. 기존 7개 캠퍼스들은 이들이 자리를 잡을 수 있도록 돕는 역할을 한다. IIT의 각 캠퍼스들은 경쟁과 협력을 통해 성장한다. 교수들끼리도 정부 프로젝트 수주를 위해 경쟁하지만 공동으로 연구할 때는 서로 협력을 아끼지 않는다.

세계 인재는 대학이 만든다

_탄촐추안(싱가포르국립대학교 총장)

탄촐추안

글로벌화로 인해 세상이 크게 변하고 있다. 자본과 인적자원이 쉴 새 없이 이동한다. 그 와중에 창의적인 아이디어가 국경을 넘어서 흘러 다닌다. 어떤 나라가 필요한 인적자원을 잘 양성하느냐가 중요해졌다.

미국 노동부의 조사에 따르면 미국의 대학생은 42세가 될 때까지 평균 10.1개의 직업을 갖는다고 한다. 싱가포르국립대학교 졸업생 중 41%는 전공과 무관한 분야에서 직업을 얻었다. 이것은 무엇을 의미하는가. 21세기 사람들은 대학에서 공부한 내용을 바탕으로 평생을 살아야 하고, 수많은 직업을 거치면서 일해야 한다는 얘기다.

대학의 역할이 중요하다. 이제 대학은 여러 개의 직업에서 경쟁력이 있는 인재를 길러야 한다. 지금은 존재하지도 않는 직업이 미래에는 각광받을 수도 있다.

또 한 가지 중요한 것은 글로벌화다.

서울이든 싱가포르든 뉴욕이든 이제 세계 어디서나 다양한 인종, 다양한 국적, 다양한 문화를 가진 사람들이 함께 일하는 시대다. 오늘날 대학 졸업생들은 이러한 글로벌한 환경에서 일할 수 있어야 한다. 이런 변화무쌍한 상황에 익숙해져야 한다. 대학은 학생들이 복잡한 상황에 잘 대처할 수 있도록 가르쳐야 한다. 훨씬 더 통합적이고 총체적인 시각을 갖고 문제를 해결할 수 있도록 교육시켜야 한다는 의미다.

이러한 글로벌화를 위해 교육 혁신은 불가피하다. 싱가포르국립대는 변화한 세계에 대응하기 위해 우선 미래의 인재들이 어떤 역량을 갖춰야 하는지를 생각했다. 비판적인 사고력. 한 가지 문제를 한 가지 방식이 아닌 다양한 시각에서 접근하고 해결하는 능력이야말로 미래형 글로벌 인재에게 필요한 능력이다.

문화적 다양성을 수용할 줄 아는 능력

문화적 배경이 다르다 해도, 무리 없이 서로 협력하면서 효과적으로 일할 수 있도록 학생들을 가르치는 것. 미래형 인재를 키워가기 위해 대학이 꼭 해야 할 일이다.

싱가포르국립대는 해외 인재를 적극적으로 영입하고자 노력을 아끼지 않고 있다. 또한 우수한 인재를 해외에 내보내기 위해 다양한 프로그램을 개발하고 추진하고 있다. 국가의 경쟁력을 위해서고 대학의 글로벌화를 위해서다. 이를 위해 학생의 20%, 교수의 50%가 외국에서 찾아왔으며, 매년 1,200명의 학생이 미국에 교환학생으로 떠나가고 있다. 그리하여 현재 40여 개국의 대학과 제휴하고 있다.

또한 싱가포르국립대는 글로벌 엔지니어링 프로그램을 운영하고 있다. 우수한 학생들을 대상으로, 모든 교육 과정을 3년 안에 끝낸 뒤 해외 대학에 1년간 교환학생으로 다녀올 수 있도록 한 제도다. 이 프로그램을 이수한 학생은 영국 캠브리지나 미국 MIT 등에 석사 과정으로 들어갈 수 있다.

글로벌화로 교육 부문의 도전 과제가 많지만 그만큼 기회도 많이 생겼다.

대학은 학생들이 미래에 대처할 수 있는 능력을 갖도록 교육해야 한다.

탄촐추안

2008년 싱가포르국립대학교의 총장으로 임명되었다. 현재 싱가포르 과학기술연구기구 의장을 지내고 있다. 신장 전문의로 NUS와 옥스포드 분자 약학 협의회에서 의학 교육을 수료한 탄촐추안은 1997년부터 2000년까지 NUS 의학부에서 학장을, 2004년까지 보건부에서 디렉터로 지냈다. 2003년 사스가 발병했을 때 공공의 보건 업무를 책임지고 수행했으며 NUS의 총괄자로 일하며 수석 원장을 지내기도 했다. 2003년에는 사스를 잘 대처하였다는 이유로 공공서비스 스타상을, 2004년에는 보건부로부터 공공관리 금상을, 싱가포르 바이오메디컬 과학 발의안의 총책임자로서 2008년 싱가포르 과학기술상을 수상했다. 그밖에 폴란드 의학 아카데미에서 알버트 슈바이처 금상을 수상했다. 2008년부터 탄촐추안은 세계 경제포럼의 글로벌대학리더포럼 회원을 지내고 있다. International Alliance of Research Universities의 회장이기도 하다.

특별대담 "대학과 기업은 어떻게 협력해야 하는가?"
미래형 글로벌 인재양성을 위한 산학 연계

'창조적 인재 육성을 위한 기업–대학 간 협력방안'에 대해 논의하는 로저 힐 미국 조지아대학교 직업교육학과 학장, 팀 링고 아이비엠 IBM 글로벌HR 총괄 부사장, 안네 바이스버그 딜로이트 수석고문, 김승환 포스텍 물리학과 교수(오른쪽부터).

▼**김승환(포스텍 물리학과 교수)** : 인재양성에 있어 학계와 기업 간의 연계에 대해 이야기를 하고 싶군요. 창조적 인재에 대한 정의는 생각하는 사람마다 모두 다를 것입니다. 세계화 시대에 경제위기가 이슈인데요, 대학과 산업 간의 연계는 우리가 기대한 것보다 그 수준을 높이기가 어려운 실정입니다. 글로벌 기업들은 세계에서 가장 재능 있는 인재를 영입하려 하고, 한국은 글로벌 능력이 있는 인재를 양성하려고 합니다. 창의적 재능이란 과연 무엇일까요? 그리고 이를 양성하기 위해 기업, 정부, 학계가 할 수 있는 일들은 어떤 게 있을까요?

도대체 창의적 인재란 무엇인가?

▼**팀 링고(IBM 글로벌HR 총괄 부사장)** : 거쉬너가 책에서도 썼듯 "매니저는 많지만 리더는

없"습니다. 스스로 리더라고 생각하지만 사실은 매니저인 겁니다. IBM은 지난 기간 대학에서 IT백그라운드가 없어도 비즈니스, 아트 등의 경력이 있는 사람들을 채용했습니다. 이들은 개혁가가 될 수 있는 가능성을 가지고 있는 사람들이죠. 추천할 접근 방법은 아니지만 그래도 효과가 있었습니다. 과거에는 엔지니어가 많았지만 이젠 아트스쿨 졸업생도 많으니까요. 이즈음에는 IBM의 상당수 사람들이 서비스를 위해서 일합니다. 반면에 40%의 직원이 기존에 IBM이 하던 소프트웨어·하드웨어를 제작하는 일을 하지요. 우리는 비즈니스 경력이 있는 사람은 이노베이터로서의 잠재력이 있다고 생각합니다. 그래서 컴퓨터분야에 전문가나 엔지니어가 아니더라도 그러한 재능을 가진 사람을 눈여겨본답니다.

▼안네 바이스버그(딜로이트 수석고문) : 어떤 연구 결과를 보니, 미국에서 여성 CFO에게 필요한 것은 호기심이라더군요. 이는 조직 환경으로 바뀔 수 있는 문제입니다. 물론 조직에서 관심을 갖는 것은 힘들겠지요. 그러나 어떻게 업무 환경을 만들고 지원하느냐의 내부적인 분석이 중요합니다. 성공하는 인재의 50%는 주어진 과제, 환경으로부터 만들어집니다. 이 모든 주제가 통합된 방법으로, 조직적인 체계가 호기심을 통해 혁신을 야기할 수 있을 것입니다.

▼팀 링고 : 할 수 있는 모든 방법을 써서라도 우리는 혁신을 이뤄야합니다. 교육적 프로그램을 통해서 호기심을 장려하고 사회적 환경, 사회적 측면까지 바꾸는 것이죠. 다른 한 가지는 커뮤니케이션 기술입니다. 특히 IT 부문에 시간을 쓰려고 합니다. 명확하게 생각을 조직화 할 수 있는 능력이 중요하니까요. 이것이 우리가 집중하는 부분 중 하나입니다. 또 다른 부분이 있다면 직업윤리와 태도입니다. 직업윤리가 갖춰진 사람은 주도성, 대인관계 기술, 상호의존성이란 3가지 다른 능력을 갖고 있습니다. 커뮤니케이션 능력이란 바로 대인관계 기술입니다. 분명하게 말하고 프레젠테이션을 잘하는 사람은 생각을 정리하지 못하는 사람들에 비해 능력이 있다고 간주되지요. 산업 현장 속에서 다른 사람과 팀으로 일하고 협력하며 커뮤니케이션 하는 것 등은 대인관계, 상호의존성과 관계가 깊습니다.

"세계는 평평하다"

▼**팀 링고** : 글로벌 경제위기와 대학교육에서의 능력 간에는 그다지 큰 영향 관계가 없는 것 같습니다. 대학생들은 우리가 생각하는 것보다 더 현실적인 현안을 가지고 있습니다. 글로벌 위기가 그렇게 큰 영향을 미친 것 같지는 않다는 생각입니다. 경제위기는 오히려 대학 졸업 후에 문제가 됩니다. 사람들을 더욱더 현실적으로 만드니까요. 20년 전에 비해, 요즘은 졸업 이후 생활에 많은 변화가 있습니다. 요즘 청년들은 일자리를 찾아 미국을 떠나 유럽으로 가는 것을 꺼리지 않더군요.

▼**로저 힐**(미국 조지아대학교 직업교육학과 학장) : 맞습니다. 경제하락이 그다지 큰 영향을 미친것 같지는 않습니다. 물론 졸업생 숫자에는 영향을 주었겠지만, 경기가 안 좋으면 사람들은 오히려 학교에 가는 법이거든요. 그래서 경제위기 속에서도 직업을 잘 찾아내곤 하죠. 앞으로 고용률은 계속 낮아질 것 같습니다. 《세계는 평평하다》라는 책에 따르면, 세계화 이후 우리는 이전과 전혀 다른 세상에 살고 있습니다. 세계화 1.0 시대에서는 국가 간의 세계화가, 2.0 세대에서는 회사가 세계화에 주도적 역할을 했습니다. 3.0 시대에서는 개인이 세계화를 주도하지요. 개인과 개인들의 자유로운 커뮤니케이션이 가능해졌습니다. 이메일을 보내고 유튜브에 동영상을 올리는 등의 디지털 콘텐츠를 만들어낼 수 있게 되었지요. 또한 세계 어디든 가고 싶으면 갈 수 있는 현실입니다. 사실 저는 경제위기가 얼마나 큰 파급력을 갖고 있을지 궁금합니다. 실제로 경기가 안 좋을 때도 사람들은 늘 쉽게 직업을 찾아냅니다. 취업할 곳이 충분하기 때문이죠. 현대 사회에서 국제적인 커뮤니케이션은 얼마든지 가능합니다. 그 수단과 방법이 얼마든지 있고요.

▼**팀 링고** : 학부생들 사이에 가장 큰 변화는 무엇일까요? 미국의 경우, 대학을 졸업하고 자국을 떠나 다른 곳으로 가려는 경향이 많아졌는데.

▼**안네 바이스버그** : 제 딸이 2년 반 전에 하버드대를 졸업했는데, 룸메이트 절반이 전 세계에서 일한다더군요. 미국에서 일하지만 장소는 세계 여러 곳인 것이죠. 바로 그들이 세계 시민이라고 저는 생각합니다. 이들은 국제적 경험을 원하고, 또한 다른 나라와

문화에 대해서 배우려고 합니다.

▼로저 힐 : 어떤 부분에서는 학부생들이 특히 대학원생보다 디지털 이민자에 가깝다는 의견에 저는 동의합니다. 글로벌 시민이 될 기회가 늘어나고 있습니다. 사회적 네트워크도 잘 구축되어 있어 서로 상호작용을 나누고 대화를 풀어갈 수 있는 기회가 많아졌지요. 인터넷 시대 이전에 우리가 어땠는지 기억나시나요? 기술 덕분에 우리는 외국에서 교육을 하고 관리할 수 있는 능력이 생겨났습니다. 외국어를 공부하는 그들은 디지털 네이티브입니다. 기술이 너무나도 빠르게 발달하고 있어요. 지금 학생들은 호출기가 뭔지 팩시밀리가 뭔지도 모를 겁니다.

▼안네 바이스버그 : 일이 어떻게 진행되는지가 가장 중요한 부분일 겁니다. 우리들은 국적에 따라 모두 다른 일의 방식과 태도를 가지고 있습니다. 그래서 매니지먼트 방식도 달라질 수밖에 없지요. 다른 종류의 신뢰를 만들어내는 것, 협력을 스스로 이끌어내도록 교육하는 것이 필요합니다. 자국에서 낳고 자라서 교육받은 인재들이 다른 나라 문화로 건너가 일하는 것이, 얼마 전부터 굉장히 일반적이고 일상적인 일이 되었습니다. G20을 이끌어갈 한국은, 최소한 다른 나라가 어떻게 하는지 연구해야 할 필요가 있다고 봅니다. 누구라도 국경을 넘어 자기 능력을 발휘하는 것은 멋진 일이겠지요. 그러나 고작 1~2년 동안 해외 어학연수 정도의 경험을 쌓은 어린 친구들이 타국에서 직장생활을 해야 한다면 많은 어려움이 뒤따를 겁니다.

▼팀 링고 : 정부는 이런 움직임에 대해 지금이라도 앞서 나갈 필요가 있습니다. 사람들이 자유롭게 해외를 오가게 된 것은 매우 좋은 조건이거든요. 한국은 어떤가요? 대부분 대학생들이 곧바로 직업세계에 뛰어들길 바라나요? 아니면 미국인이나 유럽인처럼 여행을 다니며 즐기고 싶어 하나요?

▼김승환승환 : 연수를 가고 싶어 하지요. 영어 실력을 쌓고 자격증 등을 갖추어서 소위 말하는 스펙을 쌓고 싶어 하는 것이지요.

▼안네 바이스버그 : 리더십 트레이닝에 관련된 인턴십 프로그램이 있는지 궁금하군요. 인턴십을 통해 젊은 인재들을 사회화 시킬 수 있거든요. 사람들이 다르게 생각할 수 있도록 해주는 겁니다.

▼로저 힐 : 인턴 제도는 아카데미 프로그램과 통합되어 그들이 원하는 직업군에 배치하여 원하는 경험을 할 수 있도록 해줍니다. 그들 스스로 자신의 능력에 대해 돌아볼 수 있는 기회지요. 대학으로서는 그런 기회를 제공하는 것이 하나의 의무가 될 겁니다.

▼김승환 : 글로벌 변화에 대해 젊은 세대들도 예의 주시하고 있습니다. 그들이 하려는 것은 외국에서 일할 기회를 찾고 경험을 갖기 위해 커뮤니케이션 기술을 키우는 것입니다. 그런데 오히려 기업체에서 이를 만족스럽지 못하게 생각하고 있습니다. 한국 대학 졸업생의 경우 너무 기술 같은 것에만 관심이 많습니다. 면접장에서 보여주기 위한 자격들은 많이 갖추었는데, 하지만 정작 기업이 원하는 것은 그것이 아니거든요. 기업이 채용에서 원하는 것은 인성과 자세입니다.

▼안네 바이스버그 : 우리는 젊은이들에게 미리 리더십 프로그램이나 인턴십을 제공합니다. 실제 현장과의 차이를 줄이려는 것이죠. 우리는 그 미스매치를 수정하기 위해서 인턴십을 매우 효율적으로 사용합니다. 훈련 비슷한 시뮬레이션 게임을 통해 다른 사람들과 다르게 생각할 수 있도록 유도하는 것입니다.

한국과 일본의 고령화 시대

▼안네 바이스버그 : 한국과 일본의 출산율이 계속해서 낮아지는 상황입니다. 여성이 아이와 직업 사이에서 선택을 해야 한다면, 더 많은 교육을 받은 여성일수록 직업 쪽을 더 많이 선택할 것입니다. 한국에 있으면서 많은 사람들과 이야기를 해봤는데, 가족을 형성하는 것은 지속가능한 경제를 지탱하는 데 도움이 됩니다. 양성평등에 대한 문제도 중요하지만, 어떤 나라건 가정이 바로서야 국가가 바로 서는 법이지요. 그러한 견

해에서 생각한다면, 가정의 정의는 예전과 다릅니다. 가정에서 그리고 일터에서 그 책임을 엄마와 아빠가 둘 다 나누는 것이지요. 전통적인 가족처럼 남자가 일하고 여자는 가정을 돌보는 게 아니라, 남자와 여자가 책임을 분배하는, 이것이 미래형 가족입니다. 미국은 여성이 주노동자입니다. 그래서 이혼율이 줄어들고 결혼 만족도는 높아지는 실정이죠. 결혼을 하지 않고 아이를 갖지 않는 것은 경제성장에 있어 새로운 문제를 야기할 수 있습니다.

▼팀 링고 : 인재가 부족하다는 것은 사실과 다른 이야기라고 생각합니다. 여성 인력이 계속 유입되고 있어요. 베이비부머가 은퇴할 것이라는 것은 맞지 않는 이야기입니다. 우리가 기대하는 것은 유연한 노동환경이지요. 서구와 몇몇 아시아 국가의 인구가 줄어든다고 해도 노동자 수는 줄어들지 않을 것입니다. 그래서 인재의 부족은 일어나지 않을 테죠. 그들은 집에서 적어도 20년은 더 일할 수 있습니다. 전과 다른 환경에서 일하는 것일 뿐, 능력이나 인력 부족은 사실이 아닙니다.

▼안네 바이스버그 : 2005년 한 조사 결과 여성의 49%가 대학 졸업생이었는데요. 절반에 가까운 수치 아닙니까.

▼로저 힐 : 인력으로서 여성의 역할은 분명히 있습니다. 그리고 대학은 그것을 지지해야 합니다. 문제는 여성이 대표자가 되지 못하는 실상입니다. 예를 들어 엔지니어링 영역에서는 여성의 숫자가 너무 부족해요. 과거에는 대학에 입학하는 학생에게, 장차 어떤 일을 하고 싶은지 물었습니다. 이제는 똑같은 질문을 초등학생에게 해야 합니다. 그리고 초등학교 수준에서부터 알맞은 정보를 제공해줘야죠. 대학에 들어가서야 무엇을 할지, 무엇을 배울지 고민하는 것으로는 충분하지 않습니다. 초등학교 교사들도 그런 생각을 기본으로 갖고 교육을 해야 합니다. 나아가 초등학교 선생님들에게도 엔지니어링이 무엇인지 가르칠 수 있어야 합니다. 그것이 여성에게도 충분히 매력적인 일이라는 것을 가르칠 수 있어야 하는 겁니다. 엔지니어에 관한 책을 보면 그림에 남자만 나옵니다. 이런 분위기를 바꿔야 합니다. 엔지니어링과 테크놀로지, 기술과 수학을 연계하는 교육이 필요합니다. 또한 가족 다양성에 관해서도, 미래 가족생활이 어떨지 등등

을 가르칠 필요가 있습니다. 이런 교육을 통해 양성평등의 사고와 가치관을 갖는다면, 더 혁신적인 미래형 인재로 성장할 수 있을 것입니다.

변화하고 싶어 하며 변화를 두려워하지 않는 능력

▼김승환 : 한국의 강점과 약점에 대해 이야기해보는 시간을 갖고 싶군요.

▼팀 링고 : 제 주변의 한국 분들을 보면, 한국의 교육에 대한 접근은 매우 구조화 되어 있고 생산적입니다. 그러나 다른 나라와 비교했을 때 그다지 혁신적인 것 같지는 않더군요. 다른 사람들의 아이디어를 모방하고 빌려오는 것은 잘하지만, 새로운 것에서부터 새롭게 시작하는 것은 별로 없다는 점이죠. 현대는 자동차를 개발했고 매우 생산적이지만, 다른 데서 아이디어를 빌려온 것일 뿐입니다. 가전제품과 같은 경우도 한두 발을 앞서나가는 혁신이 특히 필요한 것 같습니다. 어쨌거나 한국은 자원도 거의 없고 매우 작은 나라 아닙니까. 그럼에도 변화하는 속도를 보면 놀라울 뿐입니다.

▼안네 바이스버그 : 그렇습니다. 한국의 경우 사회가 스스로 변하는 능력을 보면 매우 놀라워요. 변화하고 싶어 하며 변화를 두려워하지 않는 능력이 있습니다. 이 정신은 큰 장점입니다. 이를 잘 이용할 필요가 있지요. 사회가 옛 모습을 바꾸고 이렇게 변하는 것은 쉬운 일이 분명 아닙니다. 바뀌고자 하는 의지가 매우 강하게 내재되어 있기에 가능한 일이지요.

▼김승환 : 교육이나 산업분야에서 혁신정신을 기르기 위해서, 어떤 방법을 쓸 수 있을까요?

▼로저 힐 : 삼성에서 일하는 어느 한국 여성 컨설턴트가 있는데, 국제적으로 직업윤리가 어떻게 되고 있는지 등에 대한 연구를 같이 했었어요. 인상적이었던 것은 연구하려고 하는 그녀의 자세였죠. 헌신적으로 일하는 자세도 훌륭하고, 어딜 가든 친절하고 다

른 사람을 도와주려고 하더군요. 영어도 잘 하고. 우리의 교육 전략은 예술과의 연계입니다. 과학이 필요하다고 해서 음악이나 미술을 못하게 해서는 안 됩니다. 오히려 그런 공부를 병행하는 것이 창의적이고 개방적인 인재를 키우는 데 도움이 될 겁니다.

▼**김승환** : 한국 학생들이 가장 궁금해 할 질문일 텐데, 만약 IBM 같은 글로벌 회사에서 일하고 싶다면 어떻게 해야 할까요?

▼**팀 링고** : 우리는 학생의 모든 면을 평가합니다. 비즈니스에 주목하는 회사라고 해서 비즈니스 능력만 보는 것이 아닙니다. 많은 것에 호기심을 가진 사람이 혁신적인 리더가 될 수 있습니다. 다른 것을 많이 해본 사람, 다양한 것에 관심이 있는 사람들이 좋은 리더이자 개혁가가 될 것입니다. 따라서 저희 회사는 다양한 경험과 배경을 가진 사람에게 더 가산점을 줄 것입니다. 인적자원에 대해서는 여러 의견들이 있겠지만 먼저 재정적, 전략적 요소들이 필요합니다. 기술이라는 것은 매우 쉽지만 사회적 협력은 매우 어렵거든요.

▼**안네 바이스버그** : 미국의 경우 위험을 감수하고 호기심이 있으며 협력을 잘하는, 팀을 기반으로 한 환경에서 성공적으로 일할 수 있는 인재를 원합니다. 이건 한국에서도 마찬가지겠죠. 그리고 윤리는 가장 중요한 가치입니다. 업무환경에서 윤리적이어야 한다는 것이죠. 다양한 분야에 관심과 흥미를 가진, 그리고 업무를 통합할 능력이 있는 사람을 우리는 원합니다. 다시 반복하지만 직업윤리는 빼놓을 수 없을 만큼 중요한 가치이고요. 우리는 인재를 투자로 생각합니다. 재능은 능력이고, 인재(재능)를 하나의 투자해야 할 대상으로 여겨야 합니다. 사회가 너무나 빨리 변하고 있습니다. 따라서 기업과 학교간의 교류가 유동적으로 이뤄져야 합니다. 다시 말해 학교에서 직업으로, 직업에서 학교로의 이동이 자유로워야 한다는 거죠.

02 미래 인재를 위한 공공 정책

1 공공정책으로의 진로교육

지속성장과 사회 안정, 일자리 창출을 위하여

_해리 카츠(코넬대 ILR스쿨 학장)

미시경제적인 차원에서 근로환경은 경제성장에 어떤 영향을 미치는가?

근로환경, 다시 말해 작업환경에 대해서는 특히 3가지 차원에서 이야기가 가능할 것이다. 일단 시장과 제도들 사이의 균형이 필요하다. 시장과 지침이 될 수 있는 규제 규정이 잘 조화되어야 하는 것이다.

최근 세계적인 경기침체 금융위기를 통해 시장 간의 균형이 왜 필

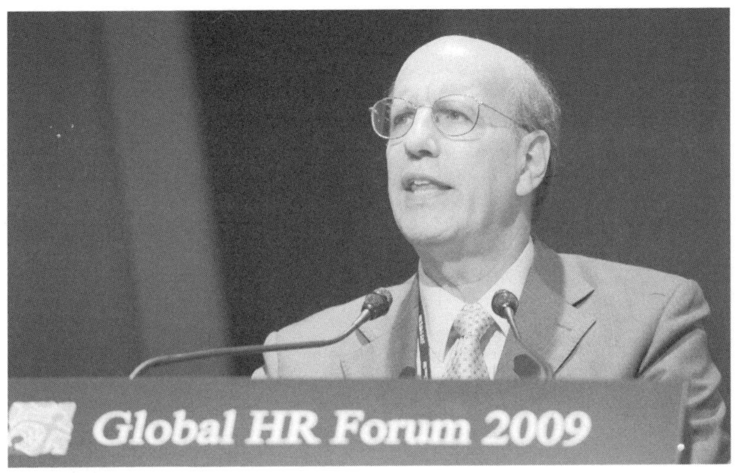

해리 카츠

요한지, 체제 간 균형이 왜 필요한지를 우리는 배웠다. 시장에 균형 압력이 가해지면, 이는 제도나 체제를 통해 압력을 완화해줘야 한다. 시장상황에 대해 무감각한 제도는 결국 실패한다. 시장과 체제 사이의 균형을 잡아주는 일이 어떻게 가능한지, 노사관계 정착을 통해 알아볼 필요가 있다.

먼저 기술 개발, 근로 환경에서 당면한 팀을 기반으로 한 근로조직이 중요하다.

기술 개발의 경우, 미시적인 차원에서 보면 기업 내 이직률이 높아졌음을 알 수 있다. 회사 간 이직률이 높아진 것이다. 글로벌 환경이 역동적으로 바뀌어서 내부 노동시장이 약화될 수밖에 없다. 또한 직원 재교육 투자에 대한 인센티브가 사라졌다. 어차피 한 회사에 오래 일하는 직원이 없어지니 투자가 없어진 것이다. 민·관 투자가 서로 협력을 해야 한다. 컨소시엄과 민관 파트너십의 도움이 필요하다. 지역 산업별로 파트너십을 구축해 스킬을 개발하는 것이 중요하다.

중재ADR를 통한 분쟁 해결 메커니즘

통신 산업의 경우를 보면 네트워크 기술자, 유무선에서 일하는 기술자 양성에도 이러한 컨소시엄이 나타난다. 의료에서도 이런 양상이 보인다. 의사·간호사 교육 때 병원이 컨소시엄을 구성하고, 그런 능력이 없으면 타 기관에 의탁해서 배울 수 있도록 하는 것이다.

사실 이런 것들은 어려운 측면이 있다. 트레이닝 재원만 늘린다고 해서 좋은 것이 아니기 때문이다. 무엇을 교육하느냐가 중요하다. 과거에도 정작 실용기술에 대한 투자가 없어서 시장에 대한 적응이 안 된다는 문제가 있었다.

대안적 분쟁 해결 및 중재ADR를 통한 분쟁 해결 메커니즘이 서방국가뿐 아니라 아시아와 남미국가에서도 확산되고 있다. 이는 전통적인 분쟁 해결 방법과 다르다. 미국에서 시작된 이 메커니즘은 소송 관련 법적 절차를 취했고 분규처리 수단을 이용했다. 각 당사자들은 전통적인 방법이 아닌 새로운 방법을 찾으려고 했다.

이에 따라 정보를 충분히 확보하고 있는 중개인의 역할이 중요해졌다. 회사 내에서 많은 정보를 갖고 있는 중재자, 법적 문제를 해결해 줄 수 있는 중재자의 도움을 받으면 좋다. 중재인을 찾는 것이 바로 교육과 관련된 부분이다. 그러나 충분한 능력을 가진 중개인의 숫자가 부족한 상황이다.

사실 분쟁 해결은 노조 안에서만 필요한 게 아니다. 노조가 없더라도 분쟁 해결이 필요한 경우가 있고, 따라서 노조가 있건 없건 중개인이 필요하다. 많은 것들이 시범적으로 이뤄지고 있다. 한국에서도 이미 여러 해 전부터 노사정 간 상호작용이 점차 긴밀해지고 활발해졌다. 중재자는 중간에 제3자로서 도움을 줄 수 있다.

시장과 체제의 균형을 잡으려면 조직을 제대로 잡아줘야 한다. 생산성과 서비스의 질은 팀 시스템을 이용하면 향상될 수 있다. 자동차·통신·의료 산업 등에서 이런 결과가 나왔다. 경기가 어려워지면 공장이 문을 닫고 직원들이 방출된다. 이 과정에서 많은 부작용이 발생한다. 그러나 팀 시스템이 있으면 이를 완화시킬 수 있다.

불경기 압박을 극복할 수 있는 새로운 메커니즘 구축이 필요하다. 팀 시스템 트레이닝에 대한 교육, 이를 이끌 수 있는 리더에 대한 교육도 필요하다.

마지막으로는 여러 나라 간 비교분석도 해야 한다. 어떻게 보면 차이점이 한 점에서 만나고 있다. 한 나라의 고용, 체계 등에 여러 가지 대안이 나왔다. 경쟁이 치열해지면서 비노조 조직이 많아졌다. 노조의 분권화가 이루어진 것이다.

공통점과 차이점이 동시에 많이 생기고 있다. 차이점이 많아지면서 소득격차가 심해지고 사회적 양극화 현상을 찾아볼 수 있다. 결론적으로 시장과 제도 간의 균형을 잡아주는 것이 중요하다. 근로현장에서도 거시경제뿐 아니라 미시경제 또한 신경을 써야 한다.

에너지로 위기를 극복한다

_윌리엄 스워프(INTEL 재단 전 회장, INTEL 지속성장그룹 수석부사장)

윌리엄 스워프

한 국가의 일자리 창출을 위해서는 에너지가 필요하다. 어떻게 보면 상충되는 이야기가 될 수도 있겠지만, 하나의 사회가 갖고 있는 능력은 '환경 변화를 추진할 수 있는가'에 달려 있다. 2008년 미국의 에너지 사용 현황을 보면, 화석연료와 태양열과 풍력 등 다양한 에너지원이 사용되고 있음을 알 수 있다.

이 가운데에서 생산만 기준으로 보면, 교통 부문에서 엄청나게 많은 에너지를 쓰고 있다. 기본은 역시 석유라고 볼 수 있다. 석탄도 많이 소요되고 있다. 여기서 중요한 점은 에너지 소비 시 단지 40%가 사용되고 나머지 60%는 버려지고 있다는 것이다. 에너지 소비량을 줄이기 위한 세계적인 노력을 생각해볼 때, 이것은 심각한 모순임을 알 수 있다.

세계 에너지의 2%는 컴퓨터를 쓰는 데 소모되고 98%는 차체에 사용되고 있다. 이것은 생산적인 상황이라고 볼 수 없다. 컴퓨터는 궁극적으로 98%의 에너지를 줄이는 데 기여할 수 있다. 많은 기술적 노력이 필요할 것이다. 엄청난 탄소 자원이 생산적인 용도로 사용될 수 있도록 전환해야 한다.

한국은 이산화탄소 배출량을 줄이겠다는 노력을 가장 적극적으로 하는 나라 중 한 곳이다. 2012년까지 20%를 절감하겠다고 발표했지만 경기침체 때문에 달성이 어려울 수도 있다. 목표를 달성하기 위해서 가장 신경 써야 할 부문이 바로 프로세스의 효율성 향상이다. 이것은 일자리 창출과도 긴밀하게 연계되어 있다. 인적자원에 반하는 아이디어일 수도 있다. 그러나 자본투자가 생산성을 향상시키고 일자리를 창출한다는 논의가 이어졌다. 이 자리에 스마트 파워 그리드가 들어간다.

두 번째는 대체다. 음악 CD 하나를 생산하는 에너지 양과, 동일한 음악을 인터넷을 통해 다운로드 받도록 할 때의 비용 차이는 엄청나다. CD라는 물리적인 것을 전자파일로 대체한 결과 에너지 절감 효율이 훨씬 커졌다. 2010년 시스코는 출장비로만 7억 달러를 줄이겠다고 했다. 한국은 세계 어느 국가보다 인터넷 보급망 확충에 앞서 있다. 이러한 인프라를 구축함으로써 대체를 통한 효율성을 더욱 높일 수 있다.

낭비되는 에너지의 60%를 줄이기 위한 세 번째 분야는 탈물질화다. 누군가 비행기를 조종할 수 있도록 교육을 시킬 때, 시뮬레이션으로 교육시키는 것과 실제 비행기로 교육시키는 것에는 많은 비용 차이가 있다. 조종사의 판단력을 요하는 가상 실험일 뿐이므로, 컴퓨터 프로그램은 훨씬 비용이 적게 든다.

이런 기술을 모두 접목시켰을 때 에너지 효율성을 얼마나 높일 수 있을까? 총량을 알고 있다면 그 에너지 단위에서 창출할 수 있는 일자리를 생각해볼 수 있다. 미국의 경우 건물이 에너지 소비의 50% 이상을 차지한다. 따라서 건물의 에너지 소비량을 줄일 필요가 있다. 냉난방, 공기순환, 위치나 각도의 정확한 측정에 컴퓨터가 도움이 될 수 있다. DB센터는 전력을 소모하는 건물이 필요할 뿐만 아니라 냉난방도 필요하다. 개별 스마트 그리드를 생각해보고 국가 단위의 스마트 그리드를 생각해보면 컴퓨터를 통해 얼마나 에너지를 절약할 수 있는지 계산이 나온다.

이와 같은 목표를 적극적으로 달성하는 데 한국이 롤 모델이 될 수 있다.

어떠한 목표가 시작되면 정책과 자본으로 연결되고 이것이 공공교육과 참여로 이어진다. 실행과 보상에 관한 측정도 이루어진다. 이렇게 함으로써 나타나는 결과가 바로 행동의 변화다. 여기에 컴퓨터가 다시 도움이 된다.

향후 몇 년 사이에 전력 등 에너지 발전을 위해 노력한다고 해서 필요한 결과가 충분히 얻어지지는 않을지 모른다. 그러나 꾸준히 에너지 효율을 늘려나가야 한다. 단기적으로 대체 재생에너지를 더 개발하는 것만큼 중요한 일이다. 컴퓨터 활용을 통해 에너지 효율을 늘리는 전략은, 또한 무공해 일자리 창출로 이어질 것이다.

말레이시아 45개 공기업 인력을 관리하는 카자나내셔널은 지난해부터 카자나 인재교환 프로그램을 실험적으로 추진하고 있다. 카자나 프로그램의 핵심은 기업들이 서로 인재를 교환해 새로운 기술을 배우도록 하는 것. 국내로 치면 삼성전자 직원이 신세계백화점에서 1년간 일하는 것과 비슷하다.

인재교환 프로그램으로 다른 지역에서 근무하던 아부 하산은 2009년 7월 말레이시아 최대 통신업체인 셀콤 celcom으로 복귀했다. 그리고는 회사에 '오더 북 order book' 제작을 제안했다. 물품 주문을 기록하는 오더 북은 주로 건설사나 제조업체에서 많이 사용하지만 통신업체는 잘 쓰지 않는 기록서류이다. 인재교환 프로그램을 이수한 그는 통신사에서도 오더 북이 필요하다고 설득했고, 통신사인 셀콤은 물품주문을 종합 관리하기 위해 그의 제안을 수용했다.

신규 프로젝트를 보는 그의 관점도 크게 달라졌다. 이제 새 프로젝트를 맡으면, 과연 얼마나 매출을 올릴 수 있을까를 먼저 생각하게 된 것이다. 하산의 업무 능력을 향상시킨 것은 두말 할 것도 없이 카자나내셔널의 인재양성 프로그램이다.

카자나내셔널은 45개의 공기업을 주주로 하는 '공기업 위의 공기업'이다. 주된 역할은 주주 공기업들의 관리 감독으로, 인재교환 프로그램은 2008년부터 시도한 색다른 제도다.

다른 업종 기업끼리 '인재교환 프로그램'

인재교환 프로그램 지원에 따라 통신사의 마케팅부에 근무했던 하산은 건설사 보험사 등을 거느린 대기업 UEM에 감사로 일하게 됐다. 처음에 그는 정말 눈앞이 깜깜했다. 전혀 새로운 분야에서 일하게 되니 긴장하지 않을 수 없었던 것이다.

회계에 대해 전혀 몰랐던 그는 UEM으로 파견 가기 전부터 독학으로 회계학을 공부했다. 이처럼 지원자들은 새로운 분야에서 일하면서 자신의 한계를 시험해보고 다른 시각에서 사물을 보는 힘을 스스로 길러나가게 되는데, 이는 카자나내셔널 인사팀이 의도한 결과였다. 창의성은 전혀 새로운 분야에 접하고 부딪칠 때 길러진다는 이들의 믿음이 성공을 거둔 것이다. 실제로 카자나 인재교환 프로그램에 참여했던 1기 참여자 15명 전원은 "색다른 관점을 배웠다"며 크게 만족하는 분위기다.

말레이시아의 최대 은행 메이뱅크에서 12년간 근무했던 아잘 이스마일은 팜오일 플랜테이션, 부동산, 자동차, 에너지 및 공공사업, 건강관리 등 여러 산업분야에 진출해 있는 사임 다비 Sime Darby의 위기관리 부서에서 일했다. 그는 기업의 위기관리라는 새로운 분야를 접하면서 금융업과 접합점을 찾을 수 있었다. 그리고 다른 동료들에게 이 프로그램을 적극 추천했다고 한다.

1기생들의 만족도가 높아지자 카자나내셔널은 2009년도에 인원 수를 2배(32명)로 늘렸다. 나아가 지원자에 한해 아예 업종을 전환할 기회를 주고, 45개 공기업이 신입사원을 공동으로 채용하는 방안도

검토했다.

영국 뉴캐슬의학대학교 유치

아시아의 신흥 교육 강국으로 부상하고 있는 말레이시아는 남부 최대 도시인 조호르에 우수 아시아 인재 유치를 위한 '에듀 시티'를 기획했다. 해외 명문대 분교를 설립하고 우수인재들을 유치해 '아시아 교육허브'로 거듭난다는 계획이다. 한국의 인천 송도에 건설 중인 글로벌 캠퍼스와 유사하다.

에듀시티는 영국 뉴캐슬 의대와 2007년 협상을 시작해 2008년 말 1년6개월 만에 양해각서 MOU를 체결했다. 2011년 가을학기부터 첫 입학생 180명이 영국 뉴캐슬대학교에서 수업을 받기 시작한다. 그리고 캠퍼스가 완공되는 2012년 말레이시아 에듀시티로 옮겨 학업

말레이시아 '에듀시티'에 설립할 뉴캐슬 의학대학교

을 계속 이어가게 된다. 이들은 영국 본교보다 절반이나 적은 등록금만 내고 동일한 수준의 교육을 받을 수 있다.

에듀시티는 창의성, 호텔, 해양, 의대 등 4개 부문에서 해외 대학 유치를 추진 중이다. 해양 부문은 네덜란드, 창의성은 미국, 호텔은 호주의 대학들과 각각 협상이 막바지에 이르렀다. 의대 이외 다른 부문들의 협상도 조만간 체결될 것이며, 늦어도 2017년이면 완벽한 모습을 선보일 예정이라고 한다.

여러 차례 해외 대학 유치에 좌절을 맛보며 어려움을 겪고 있는 송도 글로벌 캠퍼스와는 많이 대조적인 모습이다.

"지나치게 욕심을 내 일류 대학인 하버드를 접촉하는 대신 2위권 대학을 적극 유치한 게 주효했다."

대학 교직원으로 일했던 어느 에듀시티 스카우트의 말이다.

에듀시티는 중동의 두바이 에듀케이션 시티, 카타르 에듀케이션 시티의 실패에서도 교훈을 얻었다. 이들 중동의 에듀케이션 시티는 유치 대학에 독립적인 권한을 주지 않아 큰 불만을 샀다.

그러나 말레이시아는 다르다. 일단 유치한 대학들에 대해선 100% 운영권을 보장한다. 학교 운영 부문에 대해선 절대 간섭하지 않는다. 물론 정부 차원에서 보장하는 지원도 많다. 10년 동안 세금 면제 및 선개발 혜택을 주고, 학교 운영도 지원할 계획이다.

도시 경쟁력을 위해 창조산업이 나서야 한다

_크리스 웨인라이트 (런던대학교 학장)

크리스 웨인라이트

글로벌화로 국가 간 장벽이 허물어지면서 도시들의 경쟁도 뜨거워지고 있다. 문화·서비스·언어 경쟁력을 확보한 선진 도시들이 인재와 기업을 끌어가면서 국가 경쟁력을 결정짓는 시대다. 도시 경쟁력을 좌우하는 요소로 디자인 등 창조산업이 떠오르고 있다.

글로벌 경쟁력을 갖춘 도시들은 역사성과 문화적 다양성을 동시에 갖는다는 공통점이 있다. 런던은 75개 언어가 사용될 정도로 풍부한 사회·문화적 다양성을 통해 세계적인 문화 도시로 발전했다. 한국 도시들도 훌륭한 자연환경과 역사성을 갖고 있다. 이제는 문화적 경쟁력을 키우는 방안을 모색해야 한다.

창조산업에서 디자인은 핵심 요소로 등장한다. 런던 디자인 정책의 시작은 교육에 있다. 예술, 디자인 등은 초등교육부터 시작해야 한다. 이후 고등교육으로 넘어가면서 인재들이 나오고 창조산업과 연계된다. 런던 고교 중 24%가 창의성 관련 수업을 하고 있다. 바로

'도시 미학, 그리고 경쟁력'을 주제로 한 특별대담에서 크리스 웨인라이트 런던대학교 학장과 오세훈 서울시장이 이야기를 나누고 있다.

영국의 창조산업을 키우는 힘이다.

현재 영국 내 창조산업 종사자는 190만 명에 달한다. 디자인 등 창조산업 분야 유력 기업들이 런던에 본사를 두고 있다는 점도 런던의 도시경쟁력을 높이는 데 일조했다. 중요한 것은 시와 정부의 열정적 지원이다.

도시 경쟁력을 확보하려면 결국 창의적 마인드를 가진 인재가 중요하다. 시가 주도적으로 인재를 키우는 것보다 시민들의 생활 속에서 창의적 마인드가 배어나오게 해야 한다. 초등학교에서부터 관련 교육을 강화해야 한다. 어릴 때부터 혁신적 사고를 할 수 있는 기반을 갖추어야 한다. 인센티브 시스템이 좋은 방법이다. 창의적 사고를 장려하는 보상 방안을 도입하는 것이다.

자율적·창의적 교육시스템 고민해야

오세훈(서울시장)

오세훈

서울은 다양한 문화를 수용하려고 노력하지만 언어적 장벽이 상대적으로 높은 편이다. 시장 취임 후 지역별로 글로벌 존을 활성화하는 등 외국인을 끌어들이는 방안을 찾고 있다. 외국인 학교 유치에도 적극 나서고 있다. 서울을 외국인들이 단순히 거주하고 일을 하는 공간을 넘어 창조활동에 나설 수 있는 곳으로 바꿔야 한다.

서울시는 디자인서울총괄본부를 두어 서울의 상징과 색깔을 만들고 공공 부문에 일관된 디자인을 적용하고 있다. 눈에 보이는 디자인은 물론 서비스 디자인도 중요하다. 서울은 2010년에 첫 번째 세계디자인 수도를 맡게 된다. 국제사회에서 서울의 품격을 높이는 계기가 될 것이다.

그런데 현재 한국 교육시스템에서는 창의적 인재를 개발하기가 쉽지 않다. 우리에게 필요한 미래형 인재는 다문화를 수용할 수 있는 포용력과 언어 능력, 첨단 지식에 대한 이해와 관심을 가진 사람이다. 최근 사교육비 감소 대책에 집중하는 모습을 보면 주객이 전도된 느낌이다. 그보다 우리 아이들이 자율적·창의적으로 사고할 수 있게 하는 교육시스템을 고민해야 한다. 그런 점에서 글로벌인재포럼은 시의적절하다. 인재 교육에 관한 사회적 관심을 불러일으킬 수 있는 좋은 기회라고 생각한다.

4 지속성장과 사회 안정, 일자리 창출을 위하여
마틴 펠트스타인(하버드대학교 경제학과 교수)

일자리 창출을 위한 공공정책은 침체된 세계 경제를 일으켜 세우기 위한 가장 적절한 주제다.

1인당 GDP가 (실질적인 의미에서) 1980년대 이래 6%씩 연간 증가했다. 무려 4배의 성장이다. 일자리도 계속 창출되고 있다.

이러한 시점에서 우리는 무엇을 해야 하는가. 우선 논의에 앞서 실제 GDP와 잠재 GDP를 구별해야 한다. 실제 GDP는 변동이 있을 수 있다. 내수나 소비, 수출 비즈니스 수요를 반영하는 것이기 때문이다. 주로 공공과 언론에서는 주기적인 변화를 성장이라고 표현한다. 한국의 성장률이 10% 증가했다고 하면 한국 경제가 10% 성장했다는 식으로 말이다. 그러나 그 수치가 증가하는 속도대로 계속 성장하는 것은 아니다.

반면 잠재 GDP는 수요를 반영하여, 기존 캐파(생산능력)를 이용하는 수치다. 이 수치가 증가하여 성장한다는 것은 장기적으로 지속가능한 추세를 의미한다. 해당 국가의 경제 잠재력을 측정할 수 있는 것이다.

마틴 펠트스타인

잠재 GDP에는 4가지 요인이 있다. 자본스톡, 인프라 공항, 항만·도로·비즈니스 시설투자가 그것이다. 이 4가지 요인이 생산성을 높이고 근로자가 생산해낼 수 있는 기반을 가져온다. 또한 인적자원의 질, 경영 관리도 중요하다. 이것들이 특정국가의 생산역량에 영향을 미치는데, 곧 잠재 GDP에 영향을 가져온다.

그렇다면 과연 공공정책은 어떻게 이 네 가지를 성장시킬 수 있는가.

시설정비, 기업시설, 공공인프라를 늘려야 한다. 투자를 높이기 위해서는 저축률이 증가해야 한다. 그렇게 하지 않으면 높은 수준의 투자를 영위할 수 없다. 가계, 기업, 정부가 모두 포함된다. 한국은 전 세계적으로 저축률이 높은 국가다. 때문에 세제를 기반으로 향상될 수 있다. 세금은 소득과 소비를 기준으로 해야 한다. 배당금

금리 저축에 대한 수익을 기반으로 하는 것이 아니다. 법인세도 마찬가지다. 기업에 대해 낮은 법인세가 적용되면 수익을 배당금이나 저축으로 활용할 수 있다. 회사의 내부 유보금이 늘어나면 주가상승, 성장으로 이어진다. 즉 주가가 높아지면 주식에 세금을 매기면 된다.

출산율 정책이 필요하다

모든 정부는 현재 탈 저축을 하고 있다. 세수보다 지출이 높다. 각 가구, 기업의 저축률이 높은 경우에도 정부가 재정을 갖고 있으면 상쇄가 되어 기업 투자가 깎여버리는 것이다. 이것은 미국에서도 큰 문제다. 금년에 재정흑자가 GDP의 4%에 달한다. 잠재 성장률은 재정적자에 의해 상쇄될 것이다. 공공정책을 통해 재정적자를 줄이려는 노력이 필요하다.

잠재GDP 성장을 위한 두 번째 요소는 교육이다.

한국은 우수한 인적자원을 보유하고 있다. 국민의 98%가 글을 읽고 쓸 수 있다. 이는 전 세계적으로 높은 수치다. 오늘날 현대 경제는 그 이상의 것을 필요로 한다. 한국에서는 초등학교에 입학한 아이들이 학교에서 17년 정도 시간을 보내게 되는데, 이것은 고등학교를 마치고 진행해야 한다. 독일이나 프랑스, 미국에서의 연수보다 훨씬 많다.

우수한 인적자원은 지속적이고 많은 교육 훈련이 필요하다. 요즘 주요 기업들이 선전하고 있는데 우수한 인적자원은 열심히 일해야 한다. 이런 맥락에서 한국은 우수성을 보이고 있다. 근면하고 성실한 근로자들이 많다. 그런데 한 가지 문제가 있다. 국가통계학적 요소로, 바로 출산율이 낮다는 것이다. 여성 1인당 자녀수가 1.2명 정도인데 이는 세계적으로 낮은 수준이다. 2배에 달하는 2.2명의 자녀가 태어나야 그 규모가 유지된다. 한국의 현 추세로 볼 때 인구가 감소할 수밖에 없다. 출산율 늘이기 정책이 필요하다.

한국의 경제는 초기단계부터 기술발전에 중점을 두고 산업을 키웠다. 덕분에 정부정책으로 기술훈련이 잘 진행되고 있다. 이제 정부는 하이테크 산업에 필요한 기술교육을 지원해야 한다. 민간은 기초과학 분야를 지원할 수 있다.

산업정책을 통해 기여하는 업체가 있는데, 이는 특정 업계를 지

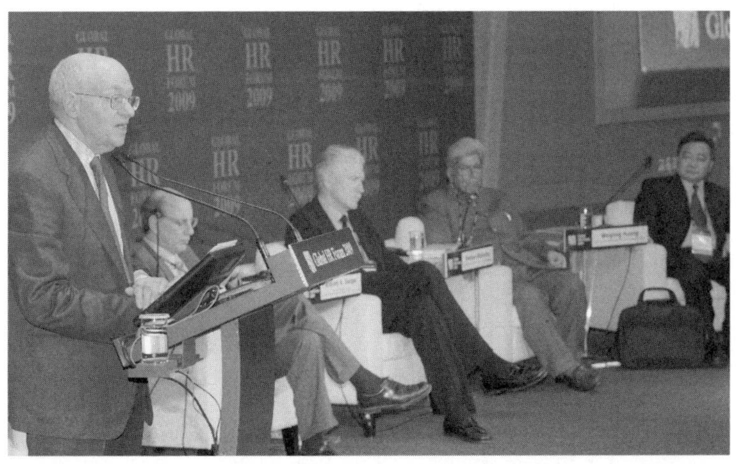

마틴 펠트스타인 하버드대 경제학과 교수가 '지속성장과 사회 안정, 일자리 창출을 위하여'라는 주제로 기조연설을 하고 있다. 마틴 펠트스타인 교수, 해리 카츠 코넬대 ILR스쿨 학장, 윌리엄 스워프 INTEL재단 전 회장, 라스팔 마호트라 인도산업개발연구원 원장, 황 웨이핑 인민대 경제대학원 전 원장(왼쪽부터).

원하는 것으로 오히려 비생산적인 방식이라고 생각한다. 장기적인 성장에 있어서 필요한 최고 수준의 기술을 갖고 있다 하더라도 혁신과 효율성 그리고 생산성을 높일 수 없다면 무용지물이다. 한국의 우수한 인적자원 수준을 감안했을 때 빠른 성장을 해야 할 것이다.

IMF로부터 얻은 교훈 잊지 말아야

정부는 어떤 자세가 필요할까? 소득세를 매기는 것은 적절한 방법이 아니다. 한국의 경영진과 이사진을 비교해보면 상대적으로 외국 사람이 없다. 미국 기업들은 전 세계에서 온 사람들로 이사진을 꾸미곤 한다. 신선한 아이디어를 받아들이는 것이다.

지금까지 장기적인 측면의 안정성과 안정적인 인재 창출 구조, 실업률 증가가 실질 잠재력보다 낮게 되는 세 가지 요인(외부충격, 과도투자에 대한 국내 반응, 인플레에 대처하는 과도한 긴축정책)에 대해 말했다.

수출이 상당히 중요한 한국 경제는 국제적 경기침체에 민감하다. 전 세계의 다른 국가 경기침체에 이어서 한국에 경제위기가 찾아오는 상황을 생각해보자. 이러한 상황을 막기 위한 방법은 많지 않다. 한국은 내수, 재정, 통화정책을 통해 해결해야 하는데 말처럼 쉬운 것은 아니다. 국내 시장에서도 수요자들이 바라는 요구가 있다. 이에 항상 빠르게 대처하기 어렵다.

어쨌거나 부정적인 영향을 낮추기 위해 노력해야 한다. 1990년대 말 달러를 국내 기업에 대출했고 국제시장에서 채웠다. 그리고 나중에 문제가 발생했다. 외국 은행들이 한국은행들에 환급을 요구했지만 기업들로부터 환수를 못 받았다. 그래서 IMF 경제위기가 발생한 것이다.

돌이켜보면 정책 조합, 외환 보유고를 높여서 투기 세력을 낮출 수 있었고 지나친 과대평가를 낮출 수 있었을 것이다. 정책을 통해 미스매치를 낮출 수 있는 방법이 있었을 것이다.

한국은 1997년도 경제위기로부터 많은 교훈을 얻었다. 비즈니스 재고, 공장 및 시설에 대한 과도한 투자가 문제다. 그런 투자를 줄이려는 노력이 자칫 또 경기침체를 부를 수 있다. 많은 국가에서 나타나고 있는 것은 중앙은행 통화정책이다. 미국은행은 금리를 내버려뒀다가 인플레이션 때문에 금리를 바꾸었고 이 과정에서 경기침체가 발생했다. 경기침체가 발생하면 초기단계에서부터 대응해야 한다.

지금까지 본 바에 의하면, 세계 경제는 높은 성장을 유지를 해나가고 있다. 그리고 실업률 주기를 줄이는 노력을 해왔다. 지금까지 잘해왔고 앞으로 잘해나갈 것이다.

마틴 펠트스타인 Martin Feldstein

하버드대학교와 옥스퍼드대학교를 졸업한 마틴 펠트스타인은 현재 하버드대 경제학과 교수이다. 1997년부터 1982년까지 NBER(National Bureau of Economic Research, 사설비영리단체로 80년이 넘게 미국 경제학 관련 연구를 계속해오고 있다.)의 회장 겸 CEO로 활동했다. 현재도 NBER 연구회원으로 소속되어 있다. 2004년 미국 경제학협회 회장, 2006년 부시 대통령직속 국제정보고문회의 회원, 2009년 오바마 대통령직속 경제회복고문회의 위원으로 선출되었다. 그 외에도 미국철학협회, 브리티시 아카데미, 계량경제학사회회, 국가기업경제학협회, 외교관계협의회, 삼각위원회, 미 예술과학아카데미 등의 회원이다. 3백 편이 넘는 경제학 관련 연구논설을 썼고 월스트리트저널을 비롯한 잡지에 칼럼도 기고하고 있다. 다수의 국내외 경제학상을 수상했다.

03 경제 위기 시대의 글로벌 경영 전략

1 인재 발굴 능력을 키워라

충성도 높은 'P&G형 인재' 길러낸다

P&G는 매년 신입사원을 뽑는다. 미국발 금융위기로 글로벌 경제가 요동치던 2008년과 2009년도 예년처럼 2000명 이상의 직원을 신규 채용했다. 대부분이 대학을 갓 졸업한 사회초년병이었다. P&G가 매년 신입사원을 뽑는 이유는 171년의 P&G DNA를 이어가기 위해서다. 머리끝부터 발끝까지 P&G 사상으로 무장한 인재 없이는 다음 100년을 이어갈 수 없다는 인재철학 때문이다.

P&G는 위기 상황에서도 직원의 목을 치지 않는 것으로 유명하다. MS가 2009년 상반기 3,000명을 해고했고 보잉이 1만 명 감축 계획을 밝혔다. AT&T와 듀폰, 구글, NBC가 직원 감축에 나선 것과는 정반대다.

171년 인재경영, 위기에 더 강하다

P&G는 회사의 인재들이 위기 때 더 높은 충성도와 관록으로 실적을 창출한다고 믿는다.

"P&G 기업문화를 뼛속 깊숙이 새기고 자신과 회사의 목표를 동일시하는 인재를 키운 것이 P&G 성장의 비결이다."

모히트 나그라스 글로벌 인적자원 책임자CHO의 말이다.

P&G는 '내부로부터 키운다Built from within'는 경영원칙을 금과옥조로 여긴다. 연간 채용 규모인 2,000~3,000명 중 경력직원은 5~7%로 최소한에 그친다. 그리고 이 회사에서는 근무연수 20~30년에 달하는 장기근속 직원을 어렵지 않게 만날 수 있다.

171년 기업의 역사 속에서 많은 불황과 어려운 시기를 넘겼지만, 당장 다음 분기나 내년이 걱정된다고 해서 인력 감축을 공표하는 일은 없었다. 밥 맥도널드 CEO 역시 군복무를 마친 직후 수십 년간 P&G에 몸담아 온 내부 승진의 대표적인 인물이다.

한 기업에서 장기 근무하면 기업과 개인의 경쟁력이 혁신되지 않는다는 우려를 P&G도 알고 있다. 이런 답보상태를 깨기 위해 회사는 직원 개개인의 '경력career path'을 관리하는 데 중점을 두었다. 해외 파견근무가 직원 혁신 프로그램의 핵심이다. 세계 80여 개 나라에 퍼져 있는 법인들 간의 자유로운 인력교환은 직원들이 오랜 기간 몸담아도 업무에 흥미를 잃지 않게 한다.

예컨대 A국가에서 특정 업무를 할 3등급 직원이 필요하면 전 세계 직원이 모두 볼 수 있도록 내부 전산망에 공지된다. 일명 '오픈 잡 포스팅 open job posting'. 직원 개개인이 관심 있는 지역에서 근무해볼 수 있는 기회가 부여되는 것이다.

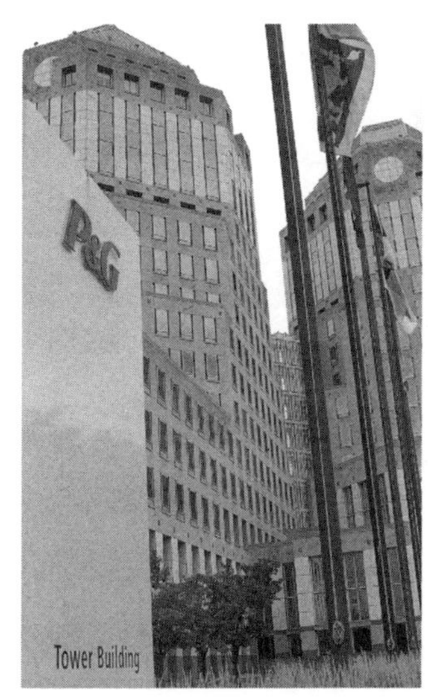

미국 신시내티의 P&G 빌딩. P&G는 1837년 창립 후 생활용품 생산·판매를 통해 세계 정상 브랜드로 자리매김했다.

아시아 본부가 있는 싱가포르에 한국 직원 80명가량이 근무하고, 일본 법인 본사 직원 중 10%가 외국인인 이유도 여기에 있다.

최고 경영진 50명 중 무려 80%가 다양한 해외 근무 경험을 갖고 있다. 최고 인사책임자인 나그라스 씨도 인도와 홍콩, 중국, 일본 등지에서 27년을 일했다. 현재 한국 법인의 HR담당자도 인도 사람이다.

"P&G를 인재들이 지원하고 싶은 곳으로 만들기 위해 전 세계 법인과 부서가 경쟁을 벌이면서 업그레이드가 된다. 맡은 업무와 근무지를 변화시킬 수 있는 기회를 제공하는 것은 직원들이 회사생활을 흥미롭게 느끼고 창의성을 발휘하게 하는 이유다."

최병욱 한국P&G 이사의 말이다.

해외파견 근무 제도를 위해, 회사는 전 세계 계열사의 직급 체계를 통일시켜놓았다. 전 직원을 1~6등급으로 나눠 다른 나라의 법인에 가더라도 같은 등급끼리 동일한 교육과 직무를 받게 한 것이다.

자신과 회사의 목표를 동일시하는 인재

직원 채용은 최고위층 경영진의 최고 관심사 중 하나다.

P&G 경영진은 먼저 전 세계 우수 대학을 방문해 회사를 홍보한다. 회사가 학생들을 고르는 게 아니라 우수한 지원자들이 '선택' 하도록 하자는 취지다. 신입사원의 등용문 중 하나인 인턴 제도도 돋보인다. 대학생을 직접 실무에 투입하고 합숙시켜 개인의 역량을 철저히 검증한다. 일본법인 본사 직원들의 70~80%가 인턴 제도를 통해 채용됐을 정도다.

직원교육은 분야별 혹은 직급별로 'P&G 칼리지'를 통해 지속적으로 이뤄진다. 특이한 것은 외부 강사가 아니라 주로 상급자나 옆 부서 책임자 등 내부인이 강의를 맡는다는 점이다. 과장급은 부장들이 가르치고 사장급 교육은 회장실이 주관하는 식이다. 그로써 내부의 다양한 경험과 노하우를 공유하여 직원들의 전문성을 높이는 것이다.

내부에서 '우리 사람'을 만드는 기업 문화는 P&G를 거대한 인재 사관학교로 만들어놓았다. 여기서 길러진 P&G 출신은 다른 글로벌 기업들이 선호하는 스카우트 대상이 된다. 미국 내 유명 기업의 CEO 중 60명 이상은 P&G 회사 출신일 것이라는 추측이다.

위기를 벗어나 달리는 러시아 국영철도

경제위기가 끝난 다음에 직원을 고용하고 훈련하겠다는 것은 잘못된 생각이다. 위기일수록 유능한 인재를 가능한 많이 확보하는 것이 중요하다. 위기가 발생했다고 대규모로 해고했다가는 경기회복 이후에 실적을 극대화할 수 없게 된다.

러시아국영철도는 긴 경기침체의 터널을 지나고 있다. 지난 2008년 23%에 이어 2009년에도 운송량이 21% 정도 줄어든 것으로 계산된다. 그럼에도 2009년 인원 감축 규모는 3,900명에 불과하다. 서쪽 상트페테르부르크에서 극동 블라디보스토크까지 러시아 전역에 걸쳐 근무하는 120만 명 인원에 비하면 감축 규모는 0.3% 수준이다.

공기업이지만 수익성을 무시할 수 없는 러시아철도는 임금을 5% 삭감하고 근무시간을 줄이는 등 비용 부문에서 구조조정을 단행하며 전체 인력을 유지하고 있다.

"고통 분담만으로 인력을 유지하는 측면이 아니다. 업무 관련 능력 업그레이드나 석·박사 과정 교육 등 재교육에도 직원들을 배치하고 있다. 위기가 끝나 운송량이 늘어나면 유능한 인력이 더 필요할 것이다. 6월 이후 운송량 감소 규모가 전년 동기 대비 16%대로 축소됐다. 운송량을 기준으로 볼 때 세계적 불황은 점차 호전되고 있는 것 같다."

드미트리 샤하노프 러시아 국영철도 부사장의 말이다.

러시아철도의 젊은이들

러시아철도는 우수인재 확보를 위한 투자도 게을리 하지 않고 있다. 2006년부터 '러시아철도의 젊은이들' 프로그램을 통해 각 대학 석·박사 과정 학생에게 대규모 장학금을 주며 '입도선매'에 나섰다. 박사 과정에는 월 4,500루블(약 18만 원), 석사과정에는 3,000루블씩 지급하는 방식이다. 전국 9개 철도 관련 대학에서 2만6,000명이 재학하고 있으며 이 가운데 매년 4,000명 정도가 러시아철도에 입사한다.

기존 직원에 대한 재교육도 철저하다. 전국 54개 교육센터에서 1년에 한 차례 이상 전 직원이 재교육을 받아야 한다. 우리사주조합을 통해 회사의 발전이 직원 각자에게도 이익이라는 점을 끊임없이 강조한다. 우수 직원은 대학원 등을 통한 재교육도 받는다. 특히 해직하는 직원은 재취업하려는 직업에 필요한 전공 지식을 충분히 교육한 다음에 퇴직시키고 있다.

샤하노프 부사장은 자신한다.

"지난해 기준으로 러시아 83개 행정구역(한국의 지방자치단체에 해당) 가운데 대졸자 평균 임금은 러시아철도와 같은 곳이 4곳뿐이며 나머지는 다 낮다. 러시아철도는 대졸자들이 가장 선호하는 직장이다."

딜로이트 컨설팅 '경제회복기 인재관리법'

세계적 경영·인재컨설팅 업체인 딜로이트 컨설팅이 제시한 '회복기 인재관리법'의 핵심은 우리에게 친숙한 사자성어, 바로 '유비무환'이다. 경기가 회복 국면에 접어들고 있다는 관측이 나오면서 불황기에 몸을 사렸던 인재들이 이직 등 새로운 기회를 모색할 것이 분명하니, 이에 미리 대책을 마련해야 한다는 이야기다. 딜로이트가 전 세계 319개 기업(연간 매출액 5억 달러, 종업원 5,000명 이상)의 경영진 인사담당자 등을 대상으로 조사한 결과 이들 기업 핵심 인재의 절반가량(49%)이 "경제가 회복되면 회사를 옮기겠다"고 대답했다.

턴어라운드 시기 인재관리 전략

조사에 참여한 경영진들은 현재 경기 상황이 여전히 어렵다고 인식하고 있었다. 하지만 기존에 실시했던 조사 결과와 비교해볼 때 '최악의 상황이 다가오고 있다'는 전망이 2009년 들어 처음으로 감소했으며, 그 폭 또한 3월 32%에서 5월 18%로 급감했다. 반면에 '경기가 최악의 상황에서 벗어났다'는 인식이 1월 5%, 3월 8%, 5월 16%로 점점 큰 폭으로 증가하고 있는 것으로 파악됐다.

경기 회복에 대한 낙관론이 증가함에 따라 경영진들은 완전한 경기 회복 이후의 시기에 대비한 전략을 준비하고 있다. 아직까지 경영진들의 주요 이슈는 '비용절감'이지만 (이 같은 응답이 3월 63%에서 5월 56%로 감소하고 있는 반면) '인재관리'를 주요 이슈로 응답한 경영진의 비율은 1월 27%, 3월 30%, 5월 33%로 점점 증가하고 있다.

불황기에는 인력 감축, 즉 타의에 의한 수동적 이직이 많지만 경기 회복기에는 인력 이동, 즉 자의에 의한 능동적 이직이 많다. 조사 결과에 따르면 응답자의 거의 절반가량(49%)이 이직 의사를 나타내고 있으며, 45%만이 현 직장을 다니겠다고 응답했다. 눈에 띄는 사실은 30%가 이미 새로운 직장을 적극적으로 알아보고 있다는 것이다. 이 같은 수치는 경기가 회복될수록 증가할 것으로 보인다. 이번 경기불황기가 끝나고 나면 유례를 찾기 힘든 '레주메(이력서) 지진해일'이 몰려올 수도 있다는 관측이다.

특히 핵심 인재의 이직 의사가 일반 직원의 이직 의사에도 큰 영향을 미친다고 보고서는 말하고 있다. 사우스캐롤라이나대학교 산업조직심리학 교수 그리페스와 델라웨어대학교 심리학 교수 가트너가 《저널오브매니지먼트》에 기고한 2000년 연구 결과에 따르면 약 40%의 직원들이 "핵심 인재의 이직 여부가 자신들의 이직 의사에 영향을 준다"고 밝힌 것으로 나타났다. X세대와 Y세대 등 젊고 유능한 선수급 인력 유지가 강조되는 대목이다.

"보고서 등을 종합해볼 때 핵심 인재가 움직이면 일반 직원들도 동요하는 것으로 나타났다. 30~40대 실무연령층을 묶어둘 수 있는 강력한 보상책이 필요하다."

김병전 딜로이트 서울지사 전무의 말이다.

원하는 것을 알아야 원하는 것을 준다

기존 인재를 유치하는 효과적인 방법으로는 더 높은 연봉과 더 많은 보너스를 가장 많이 꼽았다. 경영진이든 직원이든 말이다. 전체 응답자의 43%가 기존 인재를 잡아두기 위해 더 많은 연봉을 주는 것이 가장 효과적이라고 생각하는 것으로 나타났다. 추가적인 보너스 등 재정적인 혜택이 필요하다고 한 사람도 41%에 달했다.

하지만 세대별로 구체적으로 살펴보면 경영진이 생각하는 것과 인재들이 실제로 원하는 것에는 괴리가 존재함을 알 수 있다. 30~40대 실무층에 대해서, 경영진은 '유연한 근무시간'을 연봉과 보너스 다음으로 중요하게 여길 것이라고 생각했다. 반면에 인재들은 30% 이상이 '승진'을 원하고 있는 것으로 나타났다. 또한 45~64세 사이의 세대에 대해 경영진은 '추가적인 복지 혜택'을 가장 중요한 요소로 봤다. 그러나 인재들의 대다수인 41%가 '강한 리더십'이라고 응답했다. 이상과 같은 분석은, 인재들이 왜 이직을 생각하는지에 대한 면밀한 분석이 요구됨을 시사한다.

무빙 타깃, 다국적기업의 창조적 인재

_김희집(엑센추어 코리아 대표)

세계는 급변하고 있다. 최근 경기침체와 금융위기가 가져온 변화는

김희집

엄청나다. 경제 권력이 서구에서 아시아로 이동하고 있다. 새로운 산업들이 등장했다. 구시대의 에너지 산업을 새로운 사업이 대체하고 있다. 풍력, 스마트 그리드, 태양광 등이 대표적인 예다.

엑센추어는 2년간 관련 연구를 통해 글로벌 핵심 변화를 5가지로 요약했다.

하나는 다극화 질서다.

HR과 관련해서 큰 도전과제가 여기서 나온다. 구매력이 바뀐다. 2005년 G6 국가(선진 6개국)의 구매력과 B6(중국, 인도, 브라질, 러시아, 멕시코, 한국)의 구매력을 비교하면 아직 G6가 위다. 하지만 2025년이 되면 상황이 달라진다. 역전이 일어난다. 아시아 신흥국가를 살펴보면 대졸, 대학원 졸업생들이 선진국보다 많다. 글로벌 시장 인재 공급자가 아시아 신흥국가로 바뀐다는 것이다.

또 다른 변화는 혁신이다.

혁신은 부의 근간이고 경제적 힘의 근간이다. 한국, 중국, 러시아, 브라질, 대만, 폴란드 등 이들 국가들의 출원 건수가 특히 급증하고 있다. 소수의 서구 국가들이 독점하던 기술 혁신의 중심이 신흥국으로 확대되고 있는 셈이다. 이들을 끌어들이는 것이 HR 담당자들의 큰 과제가 됐다.

유능하고 생산성 높은 인재는 한 국가에만 거주하지 않는다. 무빙 타깃이 된 것이다. 글로벌 사업은 여러 국가에서 하는 게 일반적이다. 한두 나라로부터 인재를 확보하는 것보다 다양한 나라에서 인재를 유치해야 관리하기가 좋다. 이공계 졸업생 분포를 보면 아시아 45% 미국 12%, 유럽 16%로 나타난다. 최근 제조업으로 되돌아가려는 움직임을 보이는 미국의 경우 이공계 인재를 확보하는 데 어려움을 겪고 있다. 전체 노동력 측면에서도 아시아 신흥국 쪽에서 사람들을 구하지 못하면 사업이 힘들어지는 상황이 되고 있는 것이다.

다양한 인재를 끌어안아야 한다

인구 고령화로 인해 기업 인재 역시 고령화 되고 있다. 연령차로 인한 문제는 가치관 차이, 문화적인 차이 등을 들 수 있겠다. 직무의 성격과 교육 방식에도 적잖은 변화가 있다. 인재 전쟁에 뛰어든 국가들은 이 문제를 해결해나가야 한다.

엑센추어 필리핀의 예를 들어보자. 우리는 동성연예(게이) 비즈니스 커뮤니티를 허용하고 있다. 새로운 개념이다. 다양한 이해 집단을 허용하는 것은 전 세계적인 추세다. 이 과정에서 가치 시스템이 바뀐다. 책임감, 고객 가치 창조, 개인에 대한 존중, 최고의 인재, 글로벌 네트워크, 통합 등의 가치가 중요해졌다.

엑센추어는 포용과 다양성 프로그램을 확보하기 위해 여러 가지 노력을 하고 있다. 다양한 배경의 인간들은 창의성을 조직에 가져다줄 것이다. 10년 전 엑센추어는 엄격한 교육프로그램을 진행했다. 그로써 모든 직원을 통일하려 했다. 이 같은 교육 프로그램은 다양한 배경을 감안하는 쪽으로 바뀌었다. 이래야 새로운 아이디어가 나온다고 판단한 것이다.

강조하고 싶은 것은 첫째, 인재주도형 조직이다. 국내나 특정지역 시장뿐 아니라 글로벌 시장에 눈을 돌려야 한다. 반짝 성과를 내는 스타 직원들만 키워내면 된다고 생각하지 말고 인재들 전원을 육성해야 한다. 균형이 필요하다는 뜻이다. 둘째, 문화의 이동이다. 인재를 관리하지 말고 배가시켜야 한다. 하나의 인재상만 가지는 게 아니라 다양한 인재를 끌어안아야 한다. 이 과정에는 강력하고 가시적인 리더십이 필요하다. 인재를 비즈니스 전략의 한 가운데 두어야 한다.

인재주도형 조직 구축에는 다음 4단계가 필요하다.

하나, 인재에 대한 수요를 정의해라.

어떤 직무가 있는지, 전략적인 목표를 감안할 때 어떤 수준의 인력이 필요한지 등을 정하라는 뜻이다. 엔지니어가 더 필요한지 등도 고민해야 한다.

둘, 어디에서 인재를 추출할 수 있는지를 찾아라.

전통적인 소싱풀에서 한발 나아가 새로운 인재풀을 접촉해야 한다.

셋, 인재의 잠재력을 최대한 개발해나가야 한다.

개인뿐 아니라 집단 역량도 강화해야 한다.

넷, 적절한 인재를 적재적소에 배치해야 한다.

이는 오래된 인사 과제이며, 글로벌 시대에는 더욱 중요해지는 항목이다.

'국내+현지' 지향적인 시각에서 '세계' 지향적인 시각으로

아시아 기업으로서 세계로 사업을 확장하고 싶은가? 몇 가지를 주의해야 한다. 일본을 생각해보자. 20~30년간 세계화에 주력했지만 몇 개 기업을 빼면 다 실패했다. 본사 중심의 가치관, 기술 집착 등이 이유다.

글로벌 회사가 되기 위해서는 본사와 지사 개념이 아니라 여러 국가에 동등한 위계의 오피스를 두어야 한다. 현지어 커뮤니케이션도 필요하다. 유럽의 다국적 기업들, 독일이나 네덜란드 회사들 모두 영어를 쓴다. 진정한 글로벌 기업은 공통 언어 커뮤니케이션이 필요하다. 해외 직원이 현지 직원으로 바뀌면 인사 정책을 바꿔야 한다. '국내+현지' 지향적인 시각에서 '세계' 지향적인 시각으로 옮겨가야 한다.

한국 기업들도 마찬가지 과제를 안고 있다. 채용 과정을 바꿔야 한다. 국적 불문하고 채용이 이뤄져야 한다. 글로벌 아웃소싱도 확대하고 급여 성과도 글로벌적으로 관리할 필요가 있다. 중앙화 되어 있는 인사 결정을 글로벌 차원으로 바꾸어야 한다. 포스코는 인도와 베트남에서 공장을 열 예정이다. 삼성도 그렇다.

글로벌 사업 전략과 인사 전략을 수립해야 한다. 글로벌 HR에 관련된 모든 사항이 어떤 지역, 미래를 원하느냐를 감안해야 한다. 효율성만으로는 불충분하다. 결과를 따져야 한다. 필요한 인재를 찾아 나서는 것은 사업성과에 중장기적으로 큰 영향을 미친다.

"한국 리더가 모든 의사결정을 한다"고 말하는 중국인 직원들이 많은 한국 회사는, 결코 글로벌화가 제대로 되어 있다고 할 수 없다. 채용만 잘하면 되는 게 아니다. 커리어 개발 기회도 제공해야 한다. 주요 오피스 간 인사 전략을 어떻게 정렬하고 어느 정도 권한을 분배할 것인가도 생각해야 한다.

만병통치약은 있을 수 없다. 성공적인 모범사례의 공유가 필요한 이유다. 그럼으로써 매년 글로벌 기업으로서 성장을 지속할 수 있다.

HR 인프라 통합이 필요하다. 투명하고 일관된 인프라가 HR의 핵심이다. 자율권을 보장하고 이 정보를 글로벌 차원에서 공유해야 한다. 이것이 더욱 효율적인 커뮤니케이션을 가능하게 해준다.

"해외 장수기업으로부터 답을 얻는다!"
지속 가능한 인재경영을 위한 제안

'지속가능한 인재경영'이란 주제로 스테판 프롤리 SK텔레콤 HR 담당, 스캇 드라흐 보잉인터내셔널 글로벌 HR 총괄 부사장, 팀 링고 IBM 휴먼캐피탈서비스 총괄 부사장, 박형철 머서코리아 대표이사, 박기찬 인하대 경영대학원 교수 등이 가진 대담입니다.

▼스테판 프롤리(SK텔레콤 HR 담당) : 인재관리는 오랫동안 관심이 많았던 주제였습니다. 최근 CEO챌린지 조사에서 전 세계 CEO 530명에게 "무엇 때문에 밤잠을 설치는가?"라는 설문조사를 한 적이 있습니다. 그 결과 가장 많은 대답이 "인재 때문에"였습니다. "MS의 상위 임원 20명이 직장을 옮긴다면 MS는 평범한 기업이 될 것"이라는 이야기가 있지 않습니까? 오늘날 사람들은 각기 다른 재능을 가지고 있습니다. HR의 역할 중 가장 중요한 것은 그들의 재능을 살려주는 일이겠지요. 쉽지 않은 이야기입니다만.

▼팀 링고(IBM 휴먼캐피탈서비스 총괄 부사장) : 시장 상황은 조직들이 전략적으로 인재관리를 하도록 견인하는 동력입니다. 21세기 시장은 글로벌화로 인한 상호연계성, 복잡성 등이 심화되면서 기하급수적으로 변화하고 있지요. IBM은 글로벌하게 통합된 기업입니다. 경기하강에도 불구하고 글로벌화 된 기업은 경기하강으로부터 영향을 덜 받는 편이지요. 경기가 안 좋을 때 생산성, 효율성을 높이기 위해서는 철저한 비용관리가 필요한데, 세계적으로 통합되어 있기 때문에 시장의 유연성을 가질 수 있는 것이죠.
인재관리로부터 궁극적인 재무적 이점이 없다면 소용이 없습니다. 변혁과정을 지속하기가 어려워지니까요. 많은 조직들이 인재관리 필요성은 알지만 정확히 어떻게 해야 하는지 몰라 어려움을 겪는 '생각과 실행 간의 불일치'를 보이고 있습니다.

기업 중 40~50%는 1천 명에서 1만 명의 종업원 규모를 가지고 있습니다. 글로벌 기업과 비교했을 때 조직의 인력규모가 작은 경우 관리가 더 쉽지 않을까 생각할 수 있지만, 그건 생각과 다릅니다. 설문조사 결과, 인재관리를 적용하는 기업은 동종업계의 다른 기업보다 더 높은 수익률을 누리는 것으로 밝혀졌습니다. 보통 이 성과로 인해 가치를 제고하게 되죠. 인재관리 성숙도별로, 조직을 여섯 개 유형으로 나눌 수 있습니다. 가장 하단은 인재관리를 전혀 실천하지 않고 다른 사람이 무엇을 하고 있는지 지켜보는 조직입니다. 그 다음은 인재관리를 막 도입한 유형들이고, 고도화된 인재관리를 도입한 유형을 엔지니어유형이라고 부릅니다. 제일 상단은 가장 뛰어나게 인재관리를 하는 옵티마이저 유형이지요. 이를 수퍼그룹 1번이라고도 합니다.

IBM은 인재를 어떻게 창조하는가

▼팀 링고 : 이들의 재무성과를 보면, 옵티마이저가 엔지니어보다 훨씬 높은 수익성을 보입니다. 2007년 조사를 보면 인재관리를 극대화하는 일이 주주가치, 재무성과에도 큰 영향을 미침을 알 수 있습니다. 따라서 동종업계 1위가 되기 위해서는 기업이 인재관리에 대해 더욱 고도화된 접근을 해야 할 것입니다.

IBM이 스스로를 글로벌그룹이라 부르는 이유는 경제위기 당시, 중국 등 경기침체의 영향이 비교적 적었던 곳으로 유연하게 비즈니스를 옮겨갈 수 있었기 때문이지요. 이때 글로벌 HR전략이 있었기 때문에 인재를 잘 활용할 수 있었던 것입니다. '비즈니스가 있으면 언제건 어디건 간다'는 이념으로 말이지요.

2003년도에 IBM 회장이 말했습니다. 인재를 신속하게 여러 곳으로 옮길 수 있는 조직이 필요하다고. 이에 따라 HR 담당자들은 비즈니스 매니저와 함께 적재적소에 올바른 인력을 공급할 수 있는 전략을 만들었지요.

과거에 HR는 전적으로 보상, 개발하는 개념이었습니다. 하지만 우리는 인재관리에 대한 HR마인드를 완전히 바꿨습니다. 그 결과 IBM은 2008년에 영업이익 1,030억 달러, 주당 순이익 8. 9달러라는 최고수익을 냈습니다. 앞으로 세전이익은 200억 정도 되지 않을까 예상합니다.

경기침체에도 불구하고 4/4분기 수익은 플러스로 돌아갈 것으로 기대됩니다. HR 모델을 완전히 바꾸지 않고 글로벌 통합을 하지 않았다면 결코 이를 달성하지 못했을 테죠. 이전의 IBM이 행정적 모델이었다면 이제는 전략적 모델로 바뀌었습니다. 이를 이루는 데 6년 걸렸습니다. 앞으로도 모델을 통해 계속적인 선순환을 유지할 것입니다. 필요한 인재 데이터를 분석, 활용하는 것이 중요하겠지요. 이는 조직의 목표와 일관될 것임이 분명합니다. 직원들 모두가 어디에 들어가는지 자신이 어떤 위치를 차지하고 있는지 분명히 이해하고 있습니다. 이는 재무성과에도 긍정적인 영향으로 이어지고 있습니다.

기업은 끊임없는 가치창출이 필요합니다. 연구결과를 보면 인재관리와 재무에 양적 상관관계가 있습니다. 소규모 기업이 어려움을 겪는 문제죠. 그러나 어려울수록 인재관리를 비즈니스와 연결하는 데 역점을 둬야 하지 않을까 생각합니다.

▼박형철(머서코리아 대표이사) : 좋은 아이디어군요. IBM은 새로운 개념의 컨설팅을 하고 있는 것 같은데요.

▼팀 링고 : 인재관리를 기준으로 조직유형을 6개로 나눠봤는데, 인재관리 성숙도 측면에서 상위가 아니라도 인재관리를 잘하는 기업이 있습니다. IBM은 성숙도가 높은 편이 아니지만 다른 회사와 차별화된 HR로 성공을 했지요.

▼박기찬(인하대 경영대학원 교수) : 인재관리 역량 평가를 위해 한국의 모 항공사에서 7년 동안 일한 적이 있습니다. 어떤 직원을 보면 한 번 보고도 몇 점을 줘야 할지 판단이 가능합니다. 다시 말해 주체들의 역할과 관점이 많은 영향을 미치는 것입니다. 한국의 관점에서 본다면 외국과는 다르게 이런 편견이 더 클 것으로 생각됩니다. 인재관리 시스템이 조직의 재무성과에도 영향을 미친다는 것은 흥미로운 일입니다. 한국에서도 그만큼 높은 성과관계가 나올지는 의문이지만요.

▼팀 링고 : 성과관리는 매우 까다로운 주제입니다. 지금까지 배운 것에 비춰볼 때, 조직이 성과관리를 못할 것 같으면 차라리 안 하는 게 나은 것 같습니다. 어떤 접근방법

을 택할지 결정하는 것보다 중요한 한 가지는, 한국의 경우, 직원의 목표와 기업의 목표를 정렬하는 일입니다. 직원들이 공정하고 객관적인 평가를 받을 것이라는 확신이 있어야 합니다. 그것이 없으면 성과관리가 제대로 이뤄질 수 없지요. 글로벌 기업이 계속 발전하기 위해서는 중간관리자의 역할이 중요합니다. 임원들 또한 이를 적절히 조절할 능력을 갖추어야겠지요.

▼스캇 드라흐(보잉인터내셔날 글로벌 HR 총괄 부사장) : 보잉은 항공우주 리더십을 위해 함께 일하는 비즈니스를 만들어야 한다는 아이디어로 세워진 회사입니다. 워싱턴 주재의 항공기 제조업체로 20%는 방위관련 사업입니다. 시간이 지나면서 록펠러 인터내셔널 방위부문과 맥도날드 더글라스 등을 인수했습니다. 항공기 관련 산업은 장기적인 라이프사이클 가지고 있습니다. 상용기 산업이 상향곡선을 보일 때 방위산업은 하향곡선을 가지는 등 역관계를 가지는 것이죠. 저희는 이 두 가지를 합쳐 보완하려 했습니다.

고객들의 서비스가 중요하다고 생각했기 때문에 일정, 안전, 도덕윤리 등을 철저히 평가했습니다. 공장, 생산기지 평가도 게을리 하지 않았죠. 진정한 핵심역량은 고객에 대한 구체적 지식과 긴밀한 관계입니다. 항공기는 매우 고가이기 때문에 요구조건이 많지요. 따라서 대이기적인 시스템이 필요합니다. 보잉747기는 100만 개 이상의 부품이 들고, 이를 2만 2천 곳의 조달협력업체로부터 납품받습니다. 상용기 설계, 조립, 상용·군용기반 위성의 설계와 조립, 기술 및 네트워크관련 사업까지. 작년 매출은 609억이었고 올해는 680억을 예상하고 있습니다. 15만 명 이상의 직원이 있고 다양한 해외기업들과 협력 중이죠.

관리자를 선정할 때 모든 임원들은 6가지 평가기준에 따라 근무평가를 받습니다. 어떤 매니저가 경쟁력이 있어도 6개 부문에서 모자라면 커리어로 인정받지 못합니다. 더 나은 리더가 더 나은 회사를 만든다는 것은 보잉사의 경영 이념 가운데 하나입니다. 리더십은 직원들이 회사의 경쟁력을 위해 솔직하게 조언할 수 있는 적절한 상황을 만들어주는 능력입니다. 통합된 솔루션으로 효과적인 리더십을 만드는 것이 목표죠. 리더십 인재를 고를 때는 사업 확대에 있어 충분한 강점이 있는지, 자기개발 양성 계획이 있는지에 대한 여부를 봐야 합니다. 필요한 역량이 무엇인지 알고 마련하는 것이 중요하죠. 언제 누가 은퇴를 하는지, 유입해야 할 인재의 역량은 무엇인지를 알아내서 적재적소에 공급해야 하는 겁니다. 임원들의 멘토링은 인재역량을 키우는 데 도움이 됩니다. 임원 당 최소 한 명 이상씩 멘토링을 하게 합니다. 저 같은 경우 4명의 멘토링을 하고 있죠. 또 다양성을 중시해야 합니다. 다양한 국적, 생각 등 다른 해법을 제시할 수도 있기 때문입니다.

왜 한국인들은 일본, 일본기업들을 두려워하지 않는가?

▼**스캇 드라흐** : 인재를 평가하고 양성하는 것만큼 중요한 일이 있을까요? 6가지 평가요소를 가지고 잠재적 인재를 빠르게 발굴하는 게 핵심입니다. 잠재력이 있다고 생각하는 직원은 도전적인 과제를 던져줘야죠. 예를 들어, 나타샤 클루셔버라는 직원은 처음에는 계약직이었습니다. 그녀는 그 후 비서직이 됐는데, 사내에 있는 교육관련 지원 프로그램에 학위를 받기 위해 참여했습니다. 그녀는 경제학박사를 취득한 다음 아랍쪽에 관심을 가지고 추가적인 커리어를 개발하고 싶다는 의사를 밝혔습니다. 그녀는 아랍에서 HR 부문을 담당하고 있습니다. 러시아 출신의 여성을 아랍권으로, 특히 사람을 다뤄야 하는 HR 관련 분야로 보내는 결정은 쉽지 않았습니다. 모험이 필요한 일이었지요.

성과 관리에는 어쩔 수 없이 주관적 요소가 작용하기 마련입니다. 우리는 '원업리뷰'를 통해 그를 없애려고 했습니다. 관리자 프로그램 등을 운영하는 리더십 센터가 있지요. 거기서 엘티엘Leaders teaching leaders이라는 이들이 임원을 가르치는 프로그램을 벌입니다. 궁극적으로 임원들은 해당조직의 직원을 가르쳐야 합니다. 이를 위해서는 본인 자신을 잘 알아야 하죠. 엘티엘은 직원들과의 솔직한 대화를 가능하게 도와줍니다. 이는 매우 중요한 요소입니다. 솔직한 대화능력은 팀원에게 믿음과 안정감을 줄 수 있으니까요.

▼**스테판 프롤리** : 목적의식을 주는 것은 쉽지 않은 일입니다. 보잉사의 직원을 보호하

고 지켜야 한다는 이야기에서 사람의 비전과 미션을 중시하고 있다는 느낌을 받았습니다. 회사는 미래의 방향성을 제시하는 역할이 필요합니다. 그러한 비전에 이의를 제기할 이는 없겠죠. 또한 보잉이 인재관리와 리더십역량을 연계한 것이 인상적이었습니다. 다양성, 포용력을 중시하는 보잉은 사람을 중시하는 기업인 것 같습니다.

▼박형철 : 연구개발이 주요한 기능으로 떠오르고 있습니다. 연구개발에 필요한 인재를 장기 성장시키기 위해서 회사들은 어떤 전략을 가지고 있나요?

▼스캇 드라흐 : 장기적 관점을 가지고 추진하는 프로그램이 몇 가지 있죠. 미래의 프로젝트, 상품개발을 위해 수많은 엔지니어들과 긴밀한 관계를 유지하고 있습니다. 새로운 기종 개발을 위해서는 무엇보다 환경이 중요합니다. 마드리드의 한 팀은 태양전지 항공기를 개발한 바 있습니다. 태양전지만으로 수평 항공이 가능한 기종이죠. 더욱 창의적인 엔지니어를 유치함으로써 미래의 방향성을 꾀하고자 합니다. 대형 상용기는 빠르게 변화시키지 못하지만 다양한 실험적인 활동으로 환경 친화적 상품을 개발하고자 합니다.

▼박기찬 : 적용사례를 말씀했는데, 인재관리와 리더십을 연계한 것이 매우 흥미로웠습니다. 지속가능한 경영에 대해 말씀드리자면, 학계에 있는 동료들이 종종 질문하는 것이 "왜 한국인들은 일본, 일본기업들을 두려워하지 않는가?"입니다. WBC 경기를 보면, 한국은 야구에서 인프라 등이 객관적으로 열세임에도 불구하고 전혀 일본을 두려워하지 않습니다. 이것은 흥미로운 일입니다. 서구기업은 도요타, 소니 등을 두려워하지만 한국기업들은 그렇지 않습니다. 삼성이 어떻게 반도체에서 세계 1위를 거두었는지에 대한 성공요건을 쉽게 한두 마디로 설명할 수 있을까요? 논리적인 설명이 아닐지 모르지만 할 수 있다는 신념 때문이었다고 생각합니다. 일본에는 1백년 이상 된 기업이 많습니다. 한국에는 두산 하나밖에 없죠. 삼성, LG, SK 등이 전통적인 요소와 새로운 인재관리법을 잘 적용한다면 더욱 효과적인 장래를 만들 수 있을 것 같습니다. 보잉에 이러한 사례가 있는지 알고 싶군요.

▼**스캇 드라호** : 보잉에는 2016년 비전이 있습니다. 2016년은 보잉이 딱 100년이 되는 해이기 때문이죠. 《포춘》 500대 기업을 보면 1~2개 회사만 지속가능성을 보이고 있습니다. 그들이 다른 기업보다 더 빠르고 기민했어서도 아니요, 더 많은 수익을 냈기 때문도 아니라고 생각합니다. 지속가능할 수 있는 요소는 '고객에게 귀를 기울이는 것'입니다. 고객이 알려주는 내용으로부터 등을 돌리면 문제가 되기 때문입니다. 우리 회사에서 새로운 상용기를 구축하겠다고 한 적이 있습니다. 엔지니어들은 앞부분에 최첨단 루터를 갖추는 등 멋진 기계를 만들려고 했지요. 이 설계를 고객사에 가져가서 보여주니 반응은 이랬습니다. '빠르고 멋있는 기종이다. 하지만 우리는 더 효율적 기종이 필요하다.' 고객들이 원하는 방향성에 대해 유연하게 대처하는 자세가 필요합니다. 787기종도 어려운 점이 적지 않았지만 연비가 획기적으로 개선됐고 탄소배출량도 크게 줄어들었습니다. 원하는 것만을 고집스럽게 지키는 것이 아니라 유연하게 대처하는 것. 다른 기업보다 앞서 나가는 중요한 전략입니다.

▼**스테판 프롤리** : 미래를 위한 글로벌 인재에게 필요한 역량은 무엇일까요?

▼**스캇 드라호** : 글로벌 인재가 갖춰야 하는 것은 첫 번째로 모호한 상황에서도 성과를 발휘할 수 있는 추진력일 것입니다. 출신국가를 불문하고 다방면에 호기심을 가진, 변화를 이끌기 위한 사람이 필요합니다. 두 번째는 사고력입니다. 어떤 분야든 간에 문제를 분석하고 창의적으로 해결하는 능력이 있어야 할 것입니다.

▼**팀 링고** : 직원을 뽑을 때 자기 자신뿐 아니라 주변에 폭넓은 호기심을 가진 인물인지, 자신의 강점과 약점을 알고 이를 잘 활용할 수 있는 인물인지를 먼저 봅니다. 글로벌 인재로서의 자질이란 바로 그런 것 아닐까요? 세계 어디에 내보내도 제 역량을 충분히 발휘하고 협력할 수 있는 사람, '여권이 있으면 언제든 떠날 수 있다'고 말할 수 있는 사람이 바로 역량 있는 글로벌 인재일 것입니다.

▼**박형철** : 머서에서는 9가지를 봅니다. 도전하려는 자세, 전문적인 능력, 지식수준을 떠나 회사의 가치를 잘 이해하는 능력 등입니다. 고객과의 가치는 지리적 문제에 국한

된 것이 아닙니다. 따라서 우리는 매출을 지역별로 나누지 않습니다.

▼박기찬 : 강점을 파악할 줄 알아야 합니다. 10년 전 어느 중소기업은 중국으로 생산 기지를 바꿨습니다. 상대적으로 낮은 임금과 비용만을 생각했던 것인데, 결국 파산하고 말았지요. 사실 가격보다 품질에 강점을 둔 회사였거든요. 자사의 강점을 파악하는 것도 인재관리에서 가장 중요한 역할입니다. 보통 자신의 강점을 안다고 생각하지만 그렇지 않은 경우가 많지요.

불황기 인재관리법

● **내부 추천을 통한 채용을 고려하라** : 불황 때 기업들은 무조건 채용을 줄이려고 한다. 하지만 그것만이 능사는 아니다. 불황 때 얼마나 우수한 인재를 확보하느냐가 호황 때 기업들의 성과를 좌우하기 때문이다. 불황일수록 내부 직원의 추천에 따라 인재를 뽑는 것이 효율적이다.

● **수평적 조직을 만들고 성과급 차이를 늘려라** : 일단 인재를 채용하면 그들의 창의성을 최대로 발휘토록 하는 게 필요하다. 이를 위해선 수평적 조직구조를 만드는 게 좋다. 수평적 조직구조로 '직급 및 급여 단계가 적은 조직'을 꼽았는데, 실제 직급 단계가 15개인 기업의 마켓 프리미엄은 조사 기간 3년 동안 38.7% 증가했다. 주목해야 할 점은 성과급 책정 때 고객의 만족도를 반영해야 한다는 점. 기업의 존재 가치는 고객에서 나온다. 항상 고객 중심에서 사고하는 기업의 경쟁력이 높다.

● **평가는 신중하게 활용하고 이직을 두려워하지 말라** : 기업들은 최근 다면 평가를 잇달아 도입하는 추세다. 그러나 분석 결과 부하직원 동료 상사가 평가하는 '360도 다면평가'는 능사가 아닌 것으로 밝혀졌다. 특히 한 조직의 리더를 평가하는 수단으로 활용할 때는 더욱 신중해야 할 것이란 분석이다.

〈자료 : 타워스 왓슨 제공〉

어떻게 하면 인재들의 핵심 역량을 효율적으로 이끌어내 활용할 수 있을까? 미국 미네소타대학교 개리 맥린 교수는 이에 관한 7가지 방안을 제시했다.

△모방 신드롬을 깰 수 있는 기업 문화를 조성하라.
△간부들이 뛰어라.
△학교 교육에만 의존하지 마라.
△시나리오 경영을 하라.
△글로벌 경쟁을 염두에 두라.
△외부 컨설턴트보다 직원들의 말에 귀 기울여라.
△직원들이 정형화된 틀을 깨고 사고할 수 있는 환경을 만들어라.

맥린 교수는 모방 신드롬을 깨기 위해 창의와 혁신을 장려하는 문화를 조성하라고 가장 먼저 강조했다.

"창의력을 일깨워주는 교육으로 유명한 핀란드 스웨덴 등 스칸디나비아 국가들은 다른 의견이나 주장이 있을 때 선생님에게 적극적으로 이의를 제기하라고 가르친다. 이 점은 한국 중국 등 유교 문화권 국가들의 교육 방식과 크게 다르다."

회사 간부들의 역할도 강조했다. 핵심 역량을 구축하는 과정에서는 간부들의 헌신이 필수적이다. 또한 미래를 예측하기 어려운 까닭에 변화에 대한 개방성, 민첩성, 유연성이 꼭 필요하다. 시나리오 경영의 필요성을 이해해야 한다. 글로벌화는 피할 수 없는 현실이다. 전 세계 기업들과 경쟁해야 한다는 점을 잊지 말아야 한다.

또 조직 내 관료주의를 제거해야 한다. 점진적인 진화가 아닌 혁신을, 조직 내에 민주주의를 구축해야 한다.

아울러 조직 내 직원들의 목소리에 귀 기울여야 한다. 회사에 어떤 것이 더 이익이 될지, 비싼 비용을 지불하고 외부 컨설팅회사에서 고용한 서른 살짜리 컨설턴트보다 사내의 서른 살 직원이 더 잘 안다. 직원들이 정형화된 틀을 깨고 생각할 수 있도록 권장하는 게 좋다. 그렇게 할 때는 적극 격려하고 지원을 아끼지 말아야 한다.

신입사원들 지구촌 순례시키는 '스탠다드 차타드'

'국제 신입사원(IG 사원)' 제도는 스탠다드 차타드가 오랫동안 운영해 온 미래지도자 양성 코스다. 대학 졸업자들 중 일부를 별도로 뽑아 '맞춤형 MBA' 처럼 2년간 해외 경험을 쌓고 공부하게 하는 제도다. 이후에는 고국에 돌아가 근무하는 것이 일반적이다.

한국 출신 20~30명을 포함해 전 세계에서 연간 700여 명 규모로 운영되는데, 이들은 전액 회사 지원으로 다른 나라 현지법인 2개국

다양한 국가 출신 인재들을 활용해 아시아와 아프리카 중동 등에서 우수한 실적을 올리고 있는 스탠다드 차타드 직원들.

정도에서 신입사원으로 근무한다. 또 다른 국가에서 열리는 경제·경영·언어 교육, 컨퍼런스에도 참가해 경험을 늘린다.

"해외 근무 경험을 통해 국제 마인드나 그룹 전반에 대한 이해도를 높일 수 있어 좋았다. 같은 IG 사원들을 만나면서 자연스레 국제적인 네트워크가 형성되었다."

2007년 7월부터 2년간 IG 사원으로 말레이시아와 싱가포르 등을 경험한 김유경 SC제일은행 과장의 말이다.

IG 제도는 '회사에 입사하자마자 무조건 비행기를 타고 해외를 돌아다니게 하는 것'과는 다르다. 그보다는 자신이 태어나고 자란 지역에서 멀리 떨어져 새로운 곳에서 커뮤니케이션하고 업무를 익히는 방법을 가르치는 것이라고 할 수 있다.

현지 네트워크 갖춘 다국적군 인재풀

스탠다드 차타드가 이 같은 프로그램을 도입한 것은 이 기업이 아시아와 아프리카 중동 등에서 주로 사업을 벌이고 있다는 사실과 무관하지 않다. 영국 회사지만 영국을 포함해 유럽이나 북미에서는 사업이 거의 없거나 상대적으로 미미한 상황. 이렇다 보니 이 회사에 유럽 북미 호주 뉴질랜드 등 서구권 직원 비율은 5% 정도에 불과하다. 결국 125개국 출신으로 구성된 '다국적군' 인재풀을 갖추게 된 것이다.

이들은 우선 현지 네트워크와 현지 언어를 구사할 수 있다는 점에서 스탠다드 차타드의 든든한 밑천이다. 은행이 제공하는 서비스의 내용은 비슷비슷하다. 문제는 그것을 고객에게 '어떻게' 전달하느냐다. 예컨대 아프리카에 가서 사업을 시작하는 중국인이 있다면, 스탠다드 차타드는 중국인 직원을 아프리카로 보내 그를 돕게 할 수 있다. 그렇게 하면 중국인은 현지 커뮤니티에 해당 직원을 소개하게 될 것이다. 고객이 말레이시아인이라면 (그곳이 세계 어느 곳이건) 말레이시아 직원이 그 복잡한 은행 업무를 말레이시아어로 지원할 수 있는 구조다. 그야말로 '사람 장사'를 하는 셈이다.

이 회사는 2000년대 들어 현지 금융사를 대거 인수하며 덩치를 키워나갔다. 2000년 이후 이 회사가 인수했거나 지분을 사들인 현지 기업은 모두 17곳에 이른다. 2000년 인도의 ANZ그린들레이즈, 2005년 한국의 제일은행, 2008년에는 미국의 아메리카익스프레스 뱅크 등을 합병했다. 2005년 68억 6,100만 달러였던 영업 수입 규모는 작년 139억 6,800만 달러로 3년 만에 2배 이상 늘어났다.

이 같은 스탠다드 차타드의 사업·인재관리 전략은 불황기에 구체적인 실적으로 나타나고 있다. 2009년 3월, 스탠다드 차타드는 2008년 전체 수입이 전년 대비 26%, 영업이익이 13% 늘어났다고 발표했다. 스탠다드 차타드의 실적은 여타 동종업체들의 부러움을 사기에 충분했다. 2009년 8월 발표된 상반기 실적도 수입과 영업이익이 전년 동기에 비해 각각 14%, 10%나 상승했다.

현지 문화·언어 다양성 존중

다양성을 존중하는 스탠다드 차타드의 문화는 실제 임직원 구성에도 반영된다. 전체 임직원 다섯 중 넷은 아시아와 아프리카 출신이

다. 인도 등 남아시아 출신이 24%, 동남아시아 출신이 21%, 중국·
홍콩 출신이 13%, 동북아시아 출신이 9%, 아프리카 출신이 8% 등
이다.

스탠다드 차타드는 직원들 경력이 일정 수준 이상 오르면 국제경
험을 쌓으라고 강력히 권한다. 최고 임원 중 상당수가 다시 새로운
시장에 진출하기 위해 세계 각지로 파견되는 때문이다. 이에 대해
클라크 본부장은 다음과 같이 설명한다.

"현재 800여 명 직원들이 자신의 출신국가를 벗어나 해외 근무지
를 경험하고 있다. 영국 본사에 오는 경우보다는 홍콩 출신이 인도
에서, 한국 출신이 중동에서 근무하는 식으로 지역을 넘나드는 사례
가 많다."

상상력 샘솟는 가전제품의 왕국, 독일 '밀레'

독일 북부 쾰른에서 기차를 타고 두 시간가량 더 들어가는 곳. 인구
9만여 명의 소도시 귀테슬로에 들어서면 가장 먼저 방문객을 반기는
간판이 눈에 띈다.

"밀레에 온 것을 환영합니다."

귀테슬로는 '밀레 시티'로 더 잘 알려져 있다. 이곳에 110년 역사
를 자랑하는 유럽 프리미엄 가전기업 밀레가 있기 때문이다. 1899년
직원 11명으로 문을 연 밀레는 직원 수 1만 6,000명, 연매출 4조원

근무경력 20년 넘은 직원들이 세탁기를 조립하고 있다.

대를 달성한 오늘날까지 이 작은 마을을 떠나지 않고 있다. 직원의 평균 근속기간은 20년. 이직률은 1%에 불과하다. 3~4대째 밀레에서 일하는 가정도 수두룩하다. 생산기술자는 현지에서, 연구개발R&D 전문 인력은 전 세계에서 끌어들이는 밀레의 독특한 인재경영 방식. 귀테슬로는 현지와 세계의 인재들을 녹여 제3의 인재를 만드는 용광로와도 같다.

세계적인 가전을 만든 창의력

전동모터를 단 세탁기(1914), 진공청소기(1927), 전기 식기세척기(1929), 전자동 세탁기(1956), 드럼세탁기(1958)……. 인류의 가전 역사에 기록될 밀레의 '세계 최초' 작품들이다. 지난달 베를린 IFA 전시회에서 선보인 식기세척기는 또 하나의 역작이다. 물 8ℓ 만으로 14명의 코스요리 식기를 완벽히 닦는 기술을 선보여 관람객들의 탄성을 자아냈다.

밀레의 신제품 역사를 가능케 한 것은 독창성이다. 내부 인재들의 창의성이 낮은 역사적 제품이라는 것.

"퇴직 기술자와 기술개발 전문가들이 창의성을 발휘하도록 투자하면 전 세계 가정이 살 수밖에 없는 제품이 나온다."

마르쿠스 밀레 회장의 말이다.

창의성을 격려하는 회사 분위기는 시대를 앞서가는 제품 개발로 자연스레 연결된다. 밀레가 신제품을 선보이면 경쟁업체들이 기술을 배우기 위해 몇 개씩 구입해서 뜯어보곤 한다는 것은 유명한 이야기다.

너무 앞서 가다보니 시장이 미처 열리지 않아 성공하지 못한 비운의 제품들이 있을 정도다. 지금처럼 환경이 이슈로 부각되기 전인 1980년대 출시했던 환경친화적 진공청소기는 소비자들의 외면을 받았다. 식기세척기도 처음 개발됐을 때는 당시 가정부의 3년 봉급에 맞먹을 정도로 비싸 시장성이 의심스러웠다. 그러나 밀레는 흔들리지 않았다. 새로운 아이디어가 항상 성공할 수는 없지만, 소비자들이 원하는 것을 결국 누군가는 만들어내야 한다는 믿음이 있었다.

소비자를 알고 주인의식을 키워라

귀테슬로라는 촌구석에서 밀레를 세계적 기업 반열에 올려놓은 인재전략은 무엇일까?

척박한 촌구석이라는 지역적 문제는 오히려 인재 구하기의 선순환으로 연결되었다. 오랫동안 한 지역에 머물다보니 퇴직한 기술자부터 각 분야의 전문가들이 깔때기처럼 모여들었던 것이다. 퇴직자,

전문가들과의 긴밀한 교류가 밀레를 더욱 강하게 만들었다.

생산기술자들은 귀테슬로 출신이 많지만 연구개발 전문가는 세계 각국에서 모여든다는 특성. 그에 의해서 직원들의 주인의식과 전문가들의 아이디어가 시너지 효과를 일으켰다. 제안된 아이디어는 내부 아카이브에 계속 쌓이고 있으며, 이 중 상당수가 실제 제품의 개선으로 현실화된다는 것이다.

생산기술자들이 아이디어를 개발하는 과정에서 '지나치게 기술 중심으로만 생각하는 것'을 방지하기 위한 시스템도 마련되어 있다. 비생산직 직원과 소비자들이 정기적으로 만나는 자리, 제품 개발 과정에서 소비자들의 문제가 정말로 해결됐는가를 끊임없이 검증하는 과정 등이 그것이다. 세계 40여 곳에 포진한 지사들을 통해 소비자 성향을 정교하게 파악하는 것은 물론이다.

얼마 전 식기세척기 안에 와인 잔과 수저, 나이프, 포크 등을 두는 위치를 바꾸면 좋겠다는 아이디어가 제안됐는데 10개의 시제품을 소비자들이 써본 결과 다 별로라는 의견이 많이 나와서 처음부터 다시 개발한 경우도 있었다고 한다.

"소비자가 원하는 게 아니라면 아무리 기술적으로 뛰어나도 의미가 없다. 우리는 제품의 질에 관해서라면 절대 타협하지 않는다. 그건 모든 직원들이 공유하는 밀레의 핵심 가치다."

창의성이 폭발적으로 일어나는 데 절대적으로 필요한 것은 회사 일을 내일처럼 여기는 주인의식이다. 주인의식 없는 창의성은 자칫 공허할 수 있다. 밀레 공장의 근무자들은 '가족정신 family spirit'을 최고의 밀레 정신으로 꼽는다.

직원들은 회사 일을 내 일 내 가족 일처럼 여기는 태도가 몸에 배어 있다. 작은 아이디어라도 있으면 당연히 제안하고 문제가 있으면 집에 들고 가서라도 해결하려 한다. 몇 년 전, 한 직원이 집에서 쓰던 밀레의 오븐이 잘 작동하지 않는 일이 있었다. 그 직원은 담당부서 기술자를 불러 문제를 파악하고 회사에 결과를 보고했다. 지시하고 압박하지 않아도 직원들이 자발적으로 최고의 제품을 만들기 위해 노력한다는 뜻이다.

창의성과 가족정신은 '20년 보증제도'라는 자신감에 찬 소비자보호 제도로 나타났다. 밀레의 제품은 전통적으로 20년 보증 제도를 운영하고 있다. 경영진의 원칙도 물론 있지만 직원 개개인이 실제로 장인정신을 갖고 있지 않다면 불가능한 일이다. 제1·2차 세계대전 당시 자전거를 만들어 팔았던 밀레. 아직까지도 자전거를 잘 쓰고 있다는 감사편지를 받는다.

회사는 R&D 인력과 현장 인력을 가급적 가까이 배치, 창의성이 극대화되도록 했다.

귀테슬로 지역에는 '생산현장에서 걸어서 5분 거리'에 관련 R&D 센터가 있도록 설계되었다. 현장에서 일어나는 일을 연구 인력들이 즉각 파악하고 대처할 수 있어야 하기 때문이다. 반대로 연구 인력들이 생각해낸 아이디어는 즉시 현장에서 시험해볼 수 있다. 공장을 새로 설립할 때도 가급적 귀테슬로 인근을 벗어나지 않으려는 것이 밀레의 숨은 철칙이다.

보아 뱀 전략, 인도 '타타' 그룹

'상식'을 버리고 '상상'으로 만드는 세상. 인토 타타 그룹은 세상에서 가장 싼 자동차를 생산하는 곳이다. 자동차 한 대 값이 280만 원, 인도 돈으로 10만 루피에 불과하다. 인도 뭄바이 도심에 위치한 나노카 쇼룸에는 타타 그룹 특유의 생산철학과 철학이 충분히 녹아들어 있다.

"보아 뱀(타타 그룹)이 세상을 삼키려 한다."

호르무즈드 메타 생산부장의 말이다.

전략 1─자동차 개념을 바꿔라

뭄바이에서는 오토바이 한 대에 일가족이 옹기종기 붙어 타고 거리를 활보하는 모습을 종종 발견할 수 있다. 위태롭기 그지없는 풍경이다.

인도 국민기업 타타 그룹의 라탄 나발 타타 회장은 2003년 초, 차를 사고 싶지만 돈이 없고 가난한 인도인들이 마음껏 탈 수 있는 '국민차'를 만들어야겠다고 마음먹었다. 그리고 2년 뒤인 2005년 타타 모터스는 '타타 나노 프로젝트'에 돌입했다.

그룹계열사에서 엔지니어, 디자이너, 바이어 등 인재 500명을 선발해 태스크포스팀TF을 꾸렸다. 그리고 뭄바이 인근 '푸네'에 집합시켰다. 그들에게 타타 회장은 단 한 가지만 지시했다.

"기존의 자동차 개념을 깨끗하게 잊어라. 그리고 창조하라."

싸고 작은 자동차를 만들기 위해 인재들에게 절대적인 창의성 발휘를 주문한 것이다.

엔지니어와 디자이너들은 그 지시의 참 의미를 이해하고 고민하기 시작했다.

왜 엔진은 앞에 있나? 와이퍼는 꼭 두 개여야 하나? 타이어 볼트너트는 왜 4짝인가?

그런 질문 끝에 해답이 만들어졌다. 지금까지 머릿속에 입력된 자동차의 전형적인 모습을 지우는 이른바 '아웃 어브 박스 싱out of box thing'으로 개발인력의 머리를 깨웠다. 그리하여 기어 4단, 사이드미러 1개, 간단한 계기판, 와이퍼 1개, 바퀴 너트 3개, 엔진은 뒤에 붙은 '인도 국민 한 달 월급으로 살 만한' 나노카는 태어났다.

전략 2 - 'Never Follow and Lead'

창의성은 개인과 회사의 상호작용에 의해 탄생한다는 게 타타그룹의 철학이다. 타타 회장은 직원에게 여유와 자유를 주는 것을 중시

한다. 그래서 나온 것이 '꼭 필요한 실패 necessary fail의 역설'이다.

"누구나 실패할 수밖에 없다, 실패를 두려워하지 말라. 실패의 경험을 통해 뭐든 배울 수 있다. 그리고 또 하나, 실패를 하더라도 같은 실패를 반복하지 않는 것이 중요하다."

이런 인재양성 전략을 모토화한 구호가 있다.

'뒤따라가지 말고 항상 새로운 것을 생각하라 never follow and lead.'

타타 그룹의 이 같은 창조 DNA는 그 역사가 1920년대로 거슬러 올라간다.

당시 영국의 식민지이던 상황, 타타 그룹의 모태인 타타스틸은 불가능했던 철 생산 허가권을 가까스로 따냈다. 식민지 기업이 정복자의 핍박에 굴하지 않고 전진했던 그 기업가 정신이 지금까지 이어져 오고 있는 것이다. 그리하여 타타 그룹은 2008년 아시아에서 유일하게 《비즈니스위크》가 선정한 '세계에서 가장 혁신적인 기업' 10위에 오르게 되었다.

전략3-큰 기업을 삼켜 인재를 구하라

이처럼 아시아에서 유일하게 혁신적인 기업으로 꼽힐 수 있었던 타타 그룹의 숨은 비결은 '보아 뱀' 전략이다. 자신보다 큰 먹이를 삼키는 보아 뱀처럼 자산 규모가 더 큰 기업을 인수한다는 것. 타타 그룹은 이를 통해 단기간에 최고 규모의 경제를 달성하고, 인재와 기술력을 확보해 글로벌시장을 공략해왔다. 2007년 세계 56위의 타타스틸은 세계 9위의 조강 생산능력을 가진 코러스(영국)를 121억 달러에 인수, 일약 세계 5위의 철강회사로 도약했다. 타타모터스 역시 2008년 영국의 세계적인 자동차 브랜드 재규어와 랜드로버를 23억 달러에 인수했다.

타타 그룹은 기업 인수를 통해 업무 효율과 재무적 이익만 강조하는 서구 기업(2005년 미국 M&A 관련 해고자 7만여 명)과 달리 피인수 기업의 인재가치를 발전시키는 데 힘을 쏟았다. 피인수 기업 인재를 윤리, 일관성, 고객서비스, 업무효율성 등 다섯 개 가치로 묶어 한 덩어리로 만든 것이다.

전략4—국적·나이를 묻지 마라

2000년 AIG와 통합된 타타AIG 사례를 통해, '인재라면 국적도 나이도 묻지 않는다'는 전략을 볼 수 있다. 타타 회장은 항상 사람들을 공평하게 대해야 한다고 믿는다. 기술만 있으면 국적에 관계없이 누구든지 중요한 직책을 맡을 수 있다. 철저한 기술 베이스다.

연초가 되면 타타 그룹은 개인과 임원이 함께 모여 개인의 성과 로드맵을 짠다. 업무 목표와 현재의 역할 간 차이를 줄이기 위한 이른바 'TNA training needs analasis'다. 이를 토대로 정기적인 코칭을 받는다. 또 1년에 4명은 특별히 선발해 '차세대 리더'로 키운다. 홍콩에서 1년 동안 트레이닝도 받게 하고, 3개월 동안 비즈니스스쿨에도 보낸다. 차세대 리더 성적이 뛰어나면 30대 초반에 임원진에 오르기도 한다.

# 세계 최고 기업엔 특별한 인재 프로그램이 있다

인재가 회사의 최고 자산이라는 것은 누구도 부인할 수 없다. 문제는 인재를 어떻게 길러낼 것인가 하는 점이다. 많은 CEO들이 골머리를 앓고 있는 인재양성의 비결을 미국의 경제전문지 《포춘》이 몇몇 기업의 사례를 통해 공개했다. 《포춘》은 또 세계 최대 인재 컨설팅 회사인 휴잇과 리더십 개발 전문회사인 RBL 그룹 등과 손잡고 최고의 리더를 양성하는 이들 회사의 순위를 매겼다.

1위에 오른 기업은 제너럴 일렉트릭GE. 세계 최고의 인재 양성소로 정평이 난 GE의 '크로톤빌 연수원(잭 웰치 리더십 개발 센터)' 은 수많은 기업들의 벤치마킹 대상이기도 하다. 이뿐 아니다. GE는 '온라인 리더십 워크숍' 도 운영하고 있다. 이 워크숍을 활용, 전 세계 30만여 명의 회사 직원들이 자신의 능력을 극대화할 수 있도록 돕고 있다. 크라이슬러의 로버트 나델리 CEO, 보잉의 제임스 맥너니 CEO 등이 바로 GE의 인재 양성 프로그램을 통해 길러졌다.

2위는 P&G. 인재들의 감성 개발을 중요시하는 것으로 유명하다. 소비자의 마음을 읽기 위해서는 지성보다 감성을 기르는 것이 더욱 중요하다고 여기기 때문이다. GE의 제프리 이멜트 CEO, MS의 스티브 발머 CEO, 이베이의 멕 휘트먼 CEO, 스티브 케이스 AOL 창립자 등이 P&G에서 성장한 인물이다.

멘토 프로그램을 적극 활용하는 노키아는 3위에 선정됐다. 노키아의 인재들은 6개월간의 특별 멘토링 프로그램을 통해 부사장급으로 구성된 멘토의 특별 조언도 얻고, 자신들이 원하는 개발 분야의 수업도 들을 수 있다.

4위에 오른 인도의 힌두스탄 유니레버는 최근 몇 년간 세계 각지의 다른 회사에 200여 명의 자사 출신 CEO를 심어 놓기도 했다. 이 회사는 인재의 능력에 따라 녹색 노랑 빨강 등 색깔별로 구분, 관리의 효율성도 높이고 직원

간의 경쟁도 유발하고 있다.

5위에 오른 미국의 캐피털 원 파이낸셜은 노키아와 비슷한 '매니저 코치' 프로그램을 통해 인재들을 훈련하고 있다.

6위에 오른 미국의 식품 회사 제너럴 밀스는 시뮬레이션 기법을 통한 문제 해결 프로그램이 유명하다.

7위에 선정된 맥킨지는 직원들을 전 세계 각지에서 근무하도록 배려하고 있다. 다른 기업들을 인수합병하면서 장점을 습득하는 IBM, 동료의 평가를 중요시하는 스페인의 BBVA은행, 근로자 평균 연령이 26세일 정도로 젊은 아이디어가 살아 숨 쉬는 인도의 인포시스 테크놀로지스 등도 최고의 인재 양성 기업으로 꼽혔다.

아이디어는 질보다 양, 미국 디자인컨설팅사 'IDEO'

미국 샌프란시스코 국제공항 남쪽의 조용한 도시 팰로알토Palo Alto. 실리콘밸리에 속하는 이곳에 세계 디자인 컨설팅 업계의 최강자로 꼽히는 '아이디오IDEO' 본사가 자리 잡고 있다. HP, AT&T, BBC, 미 우주항공우주국NASA과 삼성, LG, SK텔레콤 등 굵직굵직한 기업들을 고객으로 둔 IDEO. 동종업계 최강이라고 할 수 있는 이 업체는 현재 회사 로고도 제대로 보이지 않는 팰로알토의 임대건물에 세를 들어 있다. 뭐가 되었건 튀지 않고는 살 수 없는 컨설팅 업계의 대표 주자다운 모습이다.

특별한 회의 '브레인스토밍'

IDEO는 산업 디자인 회사로 출발했다. 때문에 천성적으로 창의적인 기질은 충분했다. 그러나 이 회사에서 근무하는 이들은 디자이너만이 아니다. 인류학자, 건축가, 엔지니어, 심리학자 등 다양한 전공 분야의 직원들이 섞여 있다.

상품과 서비스에 대한 디자인 컨설팅은 일반적으로 풍부한 리서치와 현장 경험에서 출발한다. 그러나 IDEO 경쟁력의 원천은 직원들이 내놓는 아이디어에 달려 있다. 그 원천의 핵심에는 IDEO만의 '브레인스토밍brain-storming'이 자리 잡고 있다.

"IDEO는 별다른 근무수칙이나 규칙이 없는 것으로 유명하다. 그러나 브레인스토밍만큼은 철저한 원칙을 준수하도록 되어 있다."

마케팅 부서 앨버트 첸의 말이다.

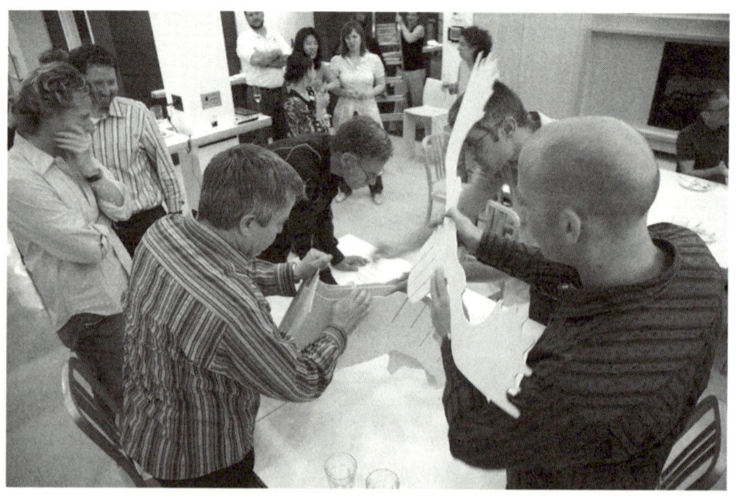

통상 회의시간은 1시간~1시간 반을 기준으로 한다. 회의가 길다고 자유로운 아이디어가 쉽게 나오는 것은 아니기 때문이다. 그래서, 역설적이지만, 브레인스토밍에서는 질質보다 양量이 중시된다. 한 사람이 1시간 동안 많게는 100여개의 아이디어를 주저 없이 생각나는 대로 던진다. 이 과정에서 중요한 것이, 절대 다른 사람의 의견을 그 자리에서 평가하지 않는다는 것이다. 거칠고 다듬어지지 않은 아이디어는 다른 팀원들이 살을 붙이면서 격려한다. 정말 말이 안 되는 의견에 대해서도 흥미롭다거나 참신하다는 등의 반응으로 용기를 북돋고 넘어가는 것을 잊지 않는다.

아이디어의 실현 가능성 여부 등을 회의 자리에서 지적하고 평가하는 순간 팀원들의 창의성은 위축될 수밖에 없다는 논리다. 대신 사회자는 회의가 주제에서 벗어나지 않도록 분위기를 몰고 간다. 쏟아져 나온 아이디어를 팀원들이 공유할 수 있도록 화이트보드나 벽에 적어놓고 상호 관계를 표시하는 것도 좋은 방법이다. 시각적으로 구체적일수록 더욱 시너지가 생기기 마련이다. 상급자가 한바탕 연설을 한 뒤, 엄숙한 분위기에서 정해진 순서대로 팀원들이 의견을 발표하는 식은 별로 창의적이지 않다는 게 그들만의 철학이다.

'디자인'에서 '컨설팅'으로

미국 내 수백 개 의료시설을 보유하고 있어 미국의 가장 큰 의료 기관 중 하나로 꼽히는 '카이저 퍼머넌트 병원'은 벌써 약 5년간 IDEO와 일하고 있는 고객이다. 카이저는 맨 처음 비용을 줄이고 병원 운영을 정비하기 위해 IDEO를 찾았다. 이후 카이저의 의료진과 IDEO 팀은 함께 환자와 보호자, 의료진의 역할을 경험하면서 놀라운 혁신 방안을 찾게 됐다.

IDEO의 심리학자들은 환자들이 딱딱한 분위기의 로비에서 어디로 가야할지 방향 감각을 잃었으며, 진료실에 들어와서도 의사를 보기까지 반쯤 벌거벗은 채 혼자 약 20분을 기다려야 했던 점 등을 문제점으로 지적했다.

결국 병원은 안내 표지판이 잘 보이는 밝은 분위기의 로비, 보호자나 친구들과 함께 들어갈 수 있는 보다 넓어진 진료실, 프라이버시를 극대화한 커튼을 만들었다. 또 의료진이 복도 한 구석에서 즉석 회의를 할 수 있도록 구조를 고쳤다.

"IDEO는 많은 비용을 들여 새로운 시설을 만들지 않고도 마치 쇼핑센터처럼 안락하게 의료 서비스를 제공하도록 해줬다. 이 변화는 병원과 환자들로부터 폭발적인 반응을 불러왔다."

카이저 병원 측의 말이다.

미국의 유명 경제잡지 《비즈니스위크》는 2004년 IDEO에 대해 다음과 같이 평가했다.

"소비자용품을 디자인하는 데 그치지 않고 쇼핑, 의료, 은행, 이동통신 등 각종 서비스와 소비자 경험을 디자인하는 단계로 변신하고 있다. 이제 IDEO는 맥킨지나 보스턴컨설팅과 같은 경영컨설팅 기업들의 라이벌이 되고 있다."

IDEO의 지속적인 성장이 끊임없이 창의성을 추구하는 기업 문화에서 비롯되었음은 재론의 여지가 없을 것이다.

교육의 힘을 믿어라,
미극 광고대행사 '맥켄에릭슨'

뉴욕 맨해튼 3번가에 있는 광고 마케팅 대행사 맥켄에릭슨의 회의실. 고객사인 INTEL의 새로운 마케팅 방안을 놓고 회의가 열렸다. 팀원들 중 가장 젊어 보이는 한 직원이 자기 아이디어를 설명하기 시작했다.

"소비자들에게 일방적으로 설명만 할 것이 아니라 소비자들이 직접 체험할 수 있는 기회를 제공해야 마케팅 효과를 높일 수 있습니다."

설명이 끝나자 다른 직원들이 각자 자신의 의견을 밝히면서 토론이 이어졌다.

토론을 마친 후 팀장은 젊은 직원의 아이디어를 바탕으로 구체적인 실행 방안을 마련키로 하고 회의를 끝냈다. INTEL처럼 큰 기업에 관한 일을 한 사람의 생각에 따라 진행하기로 간단하게 결정하다니, 무리가 있는 것은 아닐까? 이에 팀장은 짧게 대답했다.

"그의 의견이 가장 좋았다."

맥켄에릭슨은 광고에 담긴 메시지를 고객들에게 설명하지 않는다. 직접 체험케 한다.

도제식 교육은 없다

광고업계는 일반적으로 도제식 교육의 관습이 남아 있는 것으로 알려져 있다. 소위 '사수'라고 불리는 선배 직원 밑에 '부사수'라고 불리는 후배 직원이 배치되어 같이 일하면서 배우는 것이다. 중요한 일을 사수가 처리하는 동안, 부사수는 잡무를 도맡으면서 눈치껏 사수의 노하우를 전수받아야 한다. 특히 한국의 광고회사에는 이 같은 관습의 뿌리가 깊다.

그러나 INTEL, MS, 코카콜라 등 세계 일류 기업을 고객사로 두고 있는 세계 1위 광고 마케팅 회사 맥켄에릭슨의 모습은 달랐다. 모든 직원은 각자의 업무 영역을 갖고 독자적으로 일을 한다. 어떤 프로젝트가 떨어지면 경력의 길고 짧음에 상관없이 크리에이티브 디렉터, 카피라이터, 아트디렉터, 디자이너 등 각 분야를 담당하는 직원들이 모여 팀을 구성하고 결과물을 만들어낸다. 사수-부사수로 엮인 것이 아니라 전문성에 따른 협력관계를 형성하기 때문에 후배의 의견이라고 무시되는 일은 없다.

아이디어는 팀원들이 모여 서로 의견을 주고받는 과정에서 완성된다. 따라서 누가 어떤 이야기를 하더라도 그냥 지나치지 않고 가지를 쳐나가기 마련이다.

직원의 능력을 검증하기 위해서라도 자기 생각대로 일할 기회를 줘야 한다는 것이 맥켄에릭슨의 생각이다. 신입사원이 들어오면 일정 기간은 테스트 기간으로 생각하고 여러 가지 일을 맡기곤 한다.

입사 직후 기초이론부터 끊임없이 배우고 가르친다

누구의 의견도 가볍게 넘기지 않는다는 것이 아무 의견이나 채택한다는 것을 의미하지는 않는다. '신입사원에게도 중요한 일을 맡긴다'는 맥켄에릭슨에게는 고유한 인재 양성 과정이 있다.

맥켄에릭슨은 매년 입사 1년차 직원을 대상으로 '수요 창조 기법demand creation essential' 교육을 실시한다. 이 프로그램은 광고와 마케팅의 기초 용어에서부터 소비자 심리와 시장 분석에 관한 기법에 이르기까지 다양한 내용을 담고 있다. 신입사원을 대상으로 한 일종의 광고원론 수업인 셈이다. 1~2개월에 걸친 교육과정을 통해 신입사원은 탄탄한 이론으로 무장한 프로 광고인으로 거듭난다.

맥켄에릭슨이 신입사원을 대상으로 이론 교육을 실시하는 이유는 '수요 창조 기법'이라는 교육 프로그램의 이름에서 알 수 있다. 광고는 단순히 기발하고 재미있는 영상을 만들어내는 작업이 아니라는 것이 맥켄에릭슨의 철학이다. 광고를 보는 사람들의 행동에 변화를 일으켜서 특정 브랜드나 제품에 대한 수요를 일으키고 판매로 연결되도록 하는 게 광고의 목적이라는 것이다.

"광고업계에서 필요한 창의성은 수요를 창조할 수 있는 창의성이다. 이는 해당 업종과 소비자에 대한 이해를 바탕으로 한, 어디까지나 이론적 기초가 있어야 가능한 일이다. 타고났다고 할 정도로 창의성이 뛰어난 직원은 별도의 교육이 필요 없을지도 모르지만 대부분은 그렇지 않다. 하지만 창의성이 다소 부족한 사람도 교육을 통해 얼마든지 능력을 향상시킬 수 있다."

모레이라 부회장의 말이다.

신입사원이 아니더라도 맥켄에릭슨 임직원들은 끊임없이 배우고 공부해야 한다. 맥켄에릭슨은 HFD Human Futures Development 라고 하는 온라인 교육 프로그램을 개발, 모든 임직원이 1년에 한 차례씩 이수하도록 하고 있다. 맥켄에릭슨 직원들은 컴퓨터 프로그램을 다루는 방법과 공문서 양식, 광고 전략을 수립하는 기법 등 업무의 전 과정을 HFD를 통해 익힌다. 심지어 '껄끄러운 동료에게 이야기하는 방법'이라는 항목이 있을 정도로 HFD의 내용은 다양하고 구체적이다. 팀장급 이상 직원을 위한 리더십 교육 과정도 따로 마련되어 있다.

HFD의 특징 중 하나는 현재 자신이 맡고 있는 업무와 직접적인 관련이 없는 분야에 대해서도 공부하도록 한다는 것이다. 광고 제작을 맡고 있는 직원이 회계에 대해서도 배워야 하고 인사를 담당하는 직원이 디자인 프로그램도 다뤄봐야 한다.

다양한 분야를 접해보는 것이 상상력을 자극하고 창의성을 키우는 데 도움이 된다. 업계의 변화에 따라 HFD의 내용은 매년 업데이트된다. 직원들이 최신 트렌드를 따라갈 수 있도록 돕는 것이다.

4 인재경영을 위한 21세기형 마셜플랜

데이비드 울리히(미시간대학교 경영대학원 석좌교수)

인재를 창출할 때는 먼저 환경을 살펴볼 필요가 있다. 매년 50% 정

데이비드 울리히

도 새로운 아이디어를 통해 새로운 기술이 나온다. 그런데 대학에서는 새로운 아이디어가 나오는 데 10년이 걸린다. 규제완화, 환경 부문 등 우리의 우려사항이 그게 변하고 있다. 그래서 회사에서는 HR을 구성할 때 '바뀐 환경에 대한 적응력이 있어야 한다' 는 것에 초점을 맞추고 있다. 50년 걸려 세운 회사가 18개월 만에 망할 수 있다.

외부적 조직, 경영자를 제대로 양성해서 대처할 수 있게 해야 한다. 2008년 미국 정부는 부채를 가진 회사들에게 많은 보조금을 지원해줬다. 이것은 잘못된 결정이었다. 바다로 나간 배에 구멍이 난 경우, 아무리 열심히 구조를 해도 정작 구멍을 안 막으면 배는 침몰하고 만다. 적응하고 변화할 수 있는 조직을 키워야 한다. 각 개개인이 글로벌 직원이 될 수 있도록 키워줘야 한다. 리더를 만들어야 한다.

이제 협력의 마셜플랜 시대

HR은 우리가 당면한 과제에 제대로 대처하는 법을 가르쳐줘야 한다. 내부적인 역량을 빨리 키워서 경쟁사보다 빨리 움직여야 한다.

　HR은 일단 가치를 제공해야 한다. 가치는 받는 사람 즉, 수용자가 평가하는 것이다. 우리의 가치는 우리가 뭘 하느냐가 아니라 이 사람들이 뭘 얻느냐에 초점이 맞춰져야 한다. 회사는 내부 HR을 키워

인재 전쟁	인재 마셜플랜
인재는 희소한 자원	인재는 희소한 자원
인재확보 전쟁	인재유지 전쟁(실업문제로 해결)
인재전쟁은 제로섬 게임	인재전쟁은 윈윈게임
인재는 내부용	인재는 외부용
역량과 실행력이 중요	공헌과 의미찾기가 중요

내부적 리마인드에 대한 대처 능력을 살려야 한다.

대부분 HR은 개인적 능력과 재능, 인적자원에 초점을 맞춘다. 그러나 이것만으로는 안 된다. 팀워크가 제대로 살지 않으면 성공할 수 없다. 축구나 다른 스포츠처럼 개개인이 얼마나 잘하느냐보다 팀으로서 얼마나 잘 하느냐가 중요하다. 조직의 문화를 제대로 키워줘야 한다. 결국 개인이 떠난 다음에도 영원할 수 있는 조직을 만들어야 한다. 또한 리더십의 브랜드를 키워야 한다. 외부 고객이 회사를 봤을 때 어떤 브랜드로 보느냐가 중요하다. 이 세 가지가 중요한 포인트다. 내가 HR 팀원이라면 이것부터 키울 것이다.

세상이 변하고 있다. 변화가 필요하다. 쿠퍼스, 휴워트, IBM 등의 성공사례에서 CEO들에게 찾아가 물으면 모두가 리더십이 중요하다고 대답한다. 가치를 제공해야 한다. 조직력·리더십·팀워크. 이 세 가지가 중요하다.

지난 10~15년 전부터 유능한 인재 영입 전쟁이 벌어지고 있다. 유능한 인재를 놓치면 싸움에서 진 기분이 되곤 했다. 그러나 이제는 점점 통합된 세상에서 더욱 더 함께 일해야 한다. 한국 기업도 유능한 인재를 마셜플랜으로 묶어야 한다. '승자 독식'의 베르사유 조약이 있었다. 이 갈등 때문에 제2차 세계대전이 발발했다.

종전 이후 연합군은 이전의 문제해결을 위해 마셜플랜을 발표했다. 결국 협력이 중심이다. 마셜플랜을 통해 각국 사람들이 협력하기 시작했다. 우리는 세계적 불경기를 극복하기 위해 마셜플랜을 세워야 한다. 회사 내외 안팎의 사람들을 묶는 작업이 필요하다.

인재 매니지먼트 공식 : 능력 + 의지 + 기여도

유능한 인재를 회사 안에서 제대로 관리하기 위해서는 능력, 의지, 기여도가 있어야 한다. 먼저 능력 있는 직원들이 필요하다. 기술적으로 능력이 있고 동시에 지식을 활용할 의지가 있어야 한다. 또한 참여하고 발품을 팔 의지가 있어야 한다. 사람들로 하여금 '내가 뭘 기여할 수 있을까' 의미를 부여하게끔 해야 한다. 능력과 의지, 게다가 가치까지 부여되어야 한다. 능력, 의지, 기여도. 이 세 가지가 다 중요하다.

첫 번째는 능력이다.

오늘 내일 이용할 수 있는 기술을 가진 사람을 얼마나 확보하고 있는가?

미래 상황에 대비해야 한다. 우수 직원이 누구인지 평가하고, 그가 제공할 기회를 평가하고 투자한다. 이 사람들이 배우고 성장한 후 능력이 더 생기면 다시 조직으로 돌린다. 《포춘》에서 '리더십이 우수한 회사를 분석한 데이터'를 정리한 바 있다. 이에 의하면 최고의 회사들은 고객 중심적 방식을 가지고 있었다. 그들 모두 고객을

역량	+	실행력	+	공헌
• 유능한 인재 유무 • 우수직원 평가 및 투자		• 생산성 • 유지 • 점검		• 정체성 • 목적 • 관계 • 작업 환경 • 일 그 자체 • 학습 • 즐거움

위한 직원들의 능력을 엄격하게 평가했다. 능력이 중요하다.

두 번째는 의지력이다.

기쁘게 즐겁게 일을 하면 생산성이 늘어난다. 경기가 안 좋을 때면 일반적인 경영진은 직원들의 임금을 삭감하고 커리어 기회를 줄인다. 이것은 잘못된 절차다. 기업은 직원들이 추구하는 가치를 알아야 한다. 좋은 인재는 능력(두뇌), 의지(손과 발) 그리고 기여도(심장)를 두루 갖춰야 한다.

가치를 부여하라

직원들이 일을 하면서 어떤 가치를 찾고 있는가를 파악해야 한다. 대부분의 사람들이 의미 있는 일을 하도록 도움을 주는 것이다. 종교도 하나의 가치일 수 있다. 사회적 책임성, 삶의 목표 등도 마찬가지다. 팀워크가 있을 경우 근무환경이 잘 조성되고 업무효율이 올라간다.

직원들로 하여금 '내가 이 일을 왜 하는지' 깨닫게 해야 한다. 그래야 더 적극적으로 일을 할 수 있다.

나의 아내는 심리학자인데, 언젠가 강박증환자를 만났다고 한다. 그런 아내를 보며, 나는 내가 다시 태어나도 절대로 심리학자는 되지 않을 거라고 했다. 그런데 아내가 대뜸 반격했다. 당신이 하는 일도 그다지 좋아 보이지 않더라고. 생판 모르는 800명 앞에서 이야기를 해야 하는 일은 나도 싫다고.

이처럼 각자의 일에 '가치를 부여하는 것'이 중요하다.

그러나 유능한 인재만으로는 성공할 수 없다. 조직을 잘 만들어줘야 한다.

조직의 크기와 짜임새의 중요성에 대한 이야기들은 벌써 몇 십 년 전부터 나왔다. 능력별로 여러 가지 분류가 있겠지만, 삼성이나 SK는 많은 역량을 가지고 있다는 점에서 존경스럽다. 앞으로 HR에서 어떤 전략이 있고 이행할 수 있는지 봐야 한다. 이 업계에서 효율성이 있는지, 협업을 하고 있는지, 혁신적인지 등을 따져봐야 할 것이다.

리더가 떠나도 리더십은 남는다

기업은 조직을 잘 관리하기 위해 첫 번째로 리더십을 잘 키워야 한다. 일단 리더십에 있어서 두 가지가 중요해지고 있다. 리더에서 리더십으로 바뀌고 있다. 애플과 MS라는 회사를 비교해보자. 애플은 스티브잡스가 아파서 잠시 회사를 떠났던 일이 있었다. 그러자 주가가 바로 폭락했다. 훌륭한 리더는 있었지만 리더십은 없었던 것이다. 그러나 비슷한 시기에 MS에서는 빌게이츠가 떠났지만 주가 변동은 없었다. MS는 리더십을 심어놓았던 것이다. 리더가 아니라 리더십을 키워야 한다.

두 번째는 안팎으로 포커스를 잡아야 한다는 것이다. 그것이 성공적 리더십 모델이다. 리더십 브랜드를 구축해야 한다. 인적자본을

데이비드 울리히|Dave Ulrich

교수이며 작가, 경영컨설턴트로 현재 미시간대학교와 로스대학교에서 경영학을 가르치고 있다. RBL그룹의 공동 창설자로 인재와 리더십에 관한 15권의 책을 썼으며 현재 Herman Miller 이사회와 National Academy of Human Resource의 회원, 남부 버지니아대학교 이사진이다. "리더십과 HR은 조직이 보유하고 있는 가능성이며 이것은 궁극적으로 투자자와 소비자뿐 아니라 사회 전체에 가치를 부여한다"고 강조하는 울리히는 지식으로 남에게 가르침을 주는 것이 아닌, 남이 하는 일을 더 잘할 수 있도록 만들어주는 것이 진정한 가르침이라고 말한다. 《비즈니스위크》로부터 경영지도자 1위로 선정되었으며 《HR Magazine》으로부터 가장 영향력 있는 HR 인물로 뽑히기도 했다.

위한 미래의 차별요소가 있어야 한다. 리더십 코드가 있어야 한다. 리더십을 키우기 전에 시장상황을 파악해야 한다. 우리 회사가 고객 기대치에 부응할 수 있는가를 파악해야 한다.

한국의 기업들은 광고를 훌륭히 만들고 있다. 광고를 만들 때 시장에 전달하려는 메시지가 무엇인지 정확히 판단해야 한다. 그리고 중복여부도 파할 필요가 있다. 만약 중복이라면 외부고객과 회사 브랜드가 일치되지 않을 수도 있다. 또 유능한 인재를 핵심자원으로 보느냐 하는 것도 판단해야 한다. 미래에 가장 중요한 자원은 인적자원이다. 가족에도 투자해야 한다. 국가적 차원에서 미래 인재들에게 성장의 기회를 줘야 한다.

5 경기회복에 대응한 인재관리
피터 치즈(전 액센츄어 글로벌총괄 파트너)

글로벌 금융위기 이후 기업들은 단기 계획만 세우고 있다. 당장의 생존이 중요하기 때문이다. 장기적인 안목으로 2~3년 후 회사가 어떻게 포지셔닝 Positioning 할지 생각할 여유가 없어졌다. 주주들이 좋은 성적이 나오기를 기대하는 상장사라면 물론 여기에도 신경 써야 하겠지만, 장기적으로 어디에 투자해야 하는지에 대해서도 고민해야 한다.

점점 더 많은 기업들이 인력 관리, 유능한 인재관리, 조직문화 관리 등을 어려워하고 있다. 유능한 인재관리는 예전에도 그랬지만 최

피터 치즈

근 4~5년 전부터 점점 더 부각되고 있다. 경기가 안 좋은 상황에서 경영자들이 새삼 깨닫는 것이 인재관리의 중요성이다.

세계 경기침체는 여러 가지 원인을 찾을 수 있다. 경기가 침체되면서 원가를 줄이려는 노력이 있었다. 미국에서는 기업들이 원가를 절감하면서 상황이 좋아질 때까지 기다린다는 자세를 보이고 있다. V자형 경기회복을 기대했지만 그렇게 되지 않고 있다. 원가나 비용만 절감하면서 경기침체를 이겨낼 수는 없다. 포지셔닝을 달리 해야 한다. 인력에 대한 도전도 많아졌고, 혁신 필요성도 많아졌고, 기술 업그레이드도 중요해졌다.

	4월	7월	8월	10월
2009년	−4.0%	−3.0%	−1.8%	−1.0%
2010년	1.5%	2.5%	2.5%	3.6%

인재 확보 글로벌 전쟁은 아직 끝나지 않았다

경영자나 경제학자를 만나보면−사람마다 의견은 조금 다르지만−역사상 우리 세대로서는 가장 예측 불가능한 시기가 지금이라는 데 대개 공감하는 분위기다. 장기적인 비즈니스 전략을 세워야 한다고 하지만, 경영자들은 3개월도 예측하기 힘든 상황이라고 한다. 한국은 포지셔닝을 아주 잘하고 있다. 한국이 처한 상황은 다른 나라와 다르다. 업턴 upturn에 준비해야 한다.

2010년 이후부터 경기회복세가 나라마다 산업마다 기업마다 다르게 나타날 것이다. 최근 4∼5년 전부터 인재관리가 기업에게 중요해진 이유는 무엇일까. 여러 가지가 있다. 글로벌화로 유능한 인재관리에 대한 도전도 많았다. 경영자들을 만나보면 해외로 진출할 때 그 나라에 유능한 인재가 얼마나 많은지를 보고 결정한다고 한다. 단순히 지리적 특성만 보는 것이 아니다. 인구적인 변화 때문에 인재관리가 더 어려워졌다.

경영자들을 만나서 젊은 세대에 대해 이야기를 하다보면 대뜸 질문이 나온다.

"Y세대는 뭐가 문제인가? 왜 그렇게 까다로운가?"

그러면 나는 반문한다. 당신들의 자식들은 어떠냐고.

Y세대가 까다롭고 비현실적이라면 그건 부모 세대가 잘못 가르쳤기 때문이다.

한 소매업체의 경우를 예로 들어보자. 30대 가게 매니저가 16살에서 90세에 이르는, 4세대에 걸친 고객의 니즈에 대응해야 한다. 그만큼 어렵다. 글로벌 회사에서는 나와 똑같은 세대의 사람만 관리하지 않는다. 이제는 내가 관리하는 사람이 더 다양해졌다. 이제는 다른 나라에서 일하는 사람도 관리해야 한다.

교육에 대한 우려도 있다. 비즈니스가 필요로 하는 기술이 없으면 문제가 된다. 한국에서도 이런 이야기가 많이 나온다. 교육부 관계자를 만나, 한국 교육제도가 어떻게 변화해야 글로벌 시장에서 필요한 인재를 양성할 수 있을 것인가에 대해 이야기를 나눈 적이 있다. 예전에 공교육은 '하드스킬'(과학 기술 수학 등)에만 집중했다. 그런데 이런 것만 가르치면 오늘날 비즈니스를 하는 데 필요한 자질을 가르치기 힘들다.

현재의 톱 10에 드는 직업리스트와 15년 후의 리스트는 완전히 달라질 것이다.

내가 학생 때, 장차 갖고 싶은 직업에 대해 논의한 적이 있었다. 당시만 해도 컨설턴트, IT에 관련된 직업이 없었다. 그런데 지금은 IT가 일반적인 직업이 됐다. 다양하게 변화된 환경에 적응할 수 있는 기술을, 필자는 '소프트 스킬'이라고 부르고 싶다.

그간 미국에서 상당히 많은 인원감축이 있었다. 그러나 구글, MS는 한 번도 감축이 없었다. 이는 가히 문화적인 충격이었다. 사실 성장세의 회사를 관리 운영하는 것은 불경기 때의 그것과는 매우 다르다. 어떤 경영자는 '불경기를 겪은 적이 없기 때문에' 힘들어 한다. 감축하면서 경영진이 직원들에게 왜 감축을 하는지 설명하지 않는다면 근로 환경이나 분위기가 상당히 나빠질 수 있다.

가장 우수한 직원이 가장 먼저 떠난다

대부분의 직원들이 해고당하고 남아 있는 직원들의 경우, 경제상황이 개선되면 그들도 이 조직을 떠나 다른 데로 가버릴 수 있다. 지난 18개월간 사람들의 이직률이 매우 낮았다. 굳이 아무도 채용하지 않는 상황에서 떠날 이유가 없었다.

경기침체 이후 많은 경영자들은 인재 확보 전쟁이 끝났다고 한다. 사람들이 안 떠나니까 인재를 채용할 필요가 없다고 말이다. 하지만 정말 그렇게 믿는다면 큰 문제다. 유능한 인재 확보를 위한 글로벌 전쟁은 아직 안 끝났다. 경기가 회복되면 상황이 달라질 것이기 때문이다. 경기가 좋아지면 직원들의 이직률이 높아지기 마련인데, 가장 먼저 떠나는 사람은 실적이 가장 좋은 우수한 사람일 것이다.

기업들은 가장 최근에 회사에 들어온 사람부터 자른다. 불경기가 진행되면서 회사 입장에서는 누구를 자르고 남겨야 하는지 파악하기 점점 어려워진다. 직원들의 능력만 가지고는 파악이 안 된다. 감원을 통해 회사 전략을 어떻게 밀고 나갈지 결정하는 것이 매우 어려워졌다. 많은 리더들이 한 번도 불경기를 겪지 못했기 때문이다.

유럽과 미국의 많은 회사들은 이런 심각한 불경기를 경험한 적이

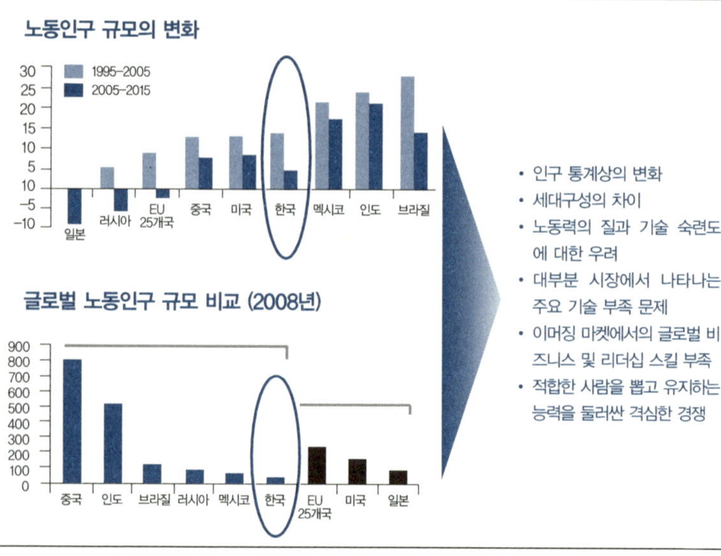

없다. 리더들 자신도 굉장히 불안해하고 있다. 자기 자신이 불안하면 다른 사람들에게 동기부여를 위한 격려의 말도 하지 않을 것이다. 자신의 일자리도 보장하기 힘들기 때문이다. 그러면 리더에 대한 신뢰가 점점 사라진다. 불경기 동안 많은 조직에 신뢰가 사라졌다. 리더에 대한 신뢰가 있어야 한다.

과거 기업들이 불경기를 극복하면서 실적이 어땠는지를 보라. 승자와 패자간 격차가 더 커졌음을 알 수 있다. 여러 산업 분야에 거쳐서 이런 결과가 나왔다. 불경기는 어쩌면 승자가 될 수 있는 기회이기도 하다. 고전 끝에 일어서지 못하고, 결국 패자가 될 위험도 있다. 아인슈타인은 "어려움 한가운데에 항상 기회가 있다"고 했다. 찰스 다윈은 "가장 강한 종이 살아남는 것도 아니고 힘이 센 종이 살아남는 것도 아니며, 변화에 가장 적절하게 대응하는 종이 살아남는다"
고 이야기했다.

진화는 일직선으로 이뤄지는 것이 아니라 여러 파괴적인 변화를
통해서 이뤄진다. 공룡이 멸종된 다음에도 그랬다. 현대 진화이론만
보더라도 선형적인 과정이 아니라 정말 큰 외부적 쇼크에 의해 변화
한다. 기업도 마찬가지다. 기업이야말로 어떻게 진화하고 변화해야
하는지 고민해야 할 때다. 기존의 방식만 가지고는 안 된다.

비즈니스스쿨에서 전략에 대한 강의를 한다. 최고경영자를 대상
으로 한 수업에서도 전략에 대해 강조한다. 전략을 세우는 것도 물
론 중요하다. 그런데 경영자들에게 가장 중요한 게 무엇이냐고 물어
보면 '실행'이라고 답한다. 전략을 세우는 건 쉽지만 실천하기는 쉽
지 않다. 실행하기 위해서는 변화에 대한 관리가 중요하다. 사람을
설득하고, 일하는 방식을 바꾸고, 문화를 바꿔야 한다.

다시 기본으로 돌아가자는 이야기가 많이 논의되고 있다.

우리 사업이 무엇과 관련됐는지, 우리의 강점이 무엇인지, 우리가
어떤 시장에 진출해야 하는 것인지 고민해야 한다. 지금 철수하는
시장이 많은데 이는 그 시장에 대해 자세히 고민하지 않았기 때문이
다. 자기의 핵심 역량이 무엇인지 고민해야 한다. 우리 기업에 경쟁
력을 갖게 해주는 것이 무엇인가를 잘 파악해야 한다. 그리고 그 역
량을 유지하기 위해 노력해야 한다.

두 번째 중요 포인트는 기업 문화다.

많은 기업과 조직들이 '문화'라는 개념 때문에 혼란스러워한다.

문화에 대해 속 시원하게 설명할 수 있는 경영자들은 세상에 많지 않을 것이다. 데이터와 수치를 기반으로 생각하는 데 익숙하기 때문이다. 아시아는 문화, 가치관 등을 중요하게 생각한다. 은행들도 이제는 문화에 대해 생각하기 시작했다. 요즘 많은 기업들이 인수를 통해 합병된다. 그런 경우 공통적인 문화가 형성되지 않으면 문제가 생긴다. '너와 나'라는 경계가 생긴다. 기본적인 문화와 함께 협력하는 사고를 키워주는 것이 중요하다. 기본으로 돌아가는 것이 중요하다.

기업의 가치에 대해서도 마찬가지다. 우리 회사에 이런 가치가 있다고 이야기하지만, 경영진이 실제로 행동하는 데에는 드러나지 않는 경우가 많다. 설문을 해보면 직원들이 이런 이야기를 많이 한다.

향후 기업에서 승자가 되기 위해서는 직원들을 '리인게이지 reengage' 시키는 것이 중요하다. 지금은 위기이기 때문에 뭔가 새로운 접근 시도를 기대하고 있는 상황이다. 중간 관리자부터 어떤 변화를 시작해보는 것이 중요하다. 이들이야말로 가장 많은 경쟁에 노출되어 있고, 가장 큰 부담을 받고 있다. 자기들이 해결해야 할 문제에 대한 대처 방법을 훈련받지 못했다. 그래서 변화를 시작하려면 중간관리자부터 시작해야 한다. 임원들이 중간관리자에게 변화의 필요성을 잘 심어줘야 한다. 그렇게 하지 못하면 실패한다.

성장을 위해서는 직원을 잘 이해해야 한다

아직 직원들에 대해 잘 이해하지 못하는 경영자들을 보면 놀라울 정

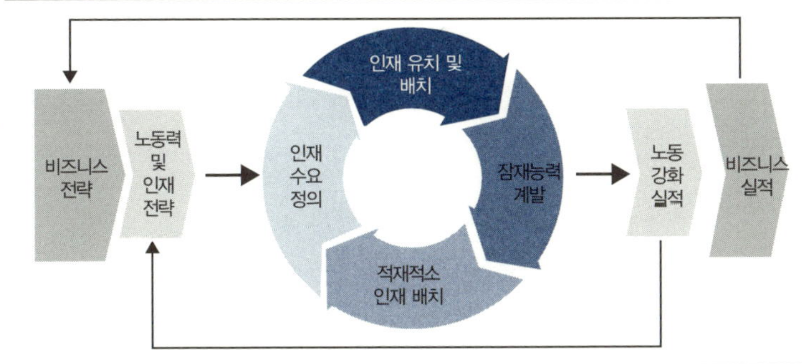

도다. 고객에 대해서는 잘 이해하고 있다. 마케팅 부서에서 고객 분석을 열심히 하는 때문이다. 그러나 직원이 가지고 있는 열정이나 기술과 요구사항에 대해서는 인사부서에서조차 잘 모른다. 대부분의 회사는 그들이 직원에 대해 얼마나 투자하고 있는지도 파악하지 못 한다.

기본으로 돌아가야 한다. 직원에 대해 잘 이해해야 한다. 앞으로 성장 기회를 잡기 위해서는 우리가 무엇을 가지고 있는지를 파악해야 한다. 그래야 새로운 인재관리 방향성도 나온다. 인재관리에 대해서 전략적 관점을 가져야 하고, 미래에 필요한 인재가 어떤 사람인지 이해해야 한다. 많은 변화를 추구할 기업들은 그 변화를 감당할 수 있는 인재를 찾아야 한다. 경기회복기에 잘 대응하기 위해서는 브랜드와 문화에 대해 명확한 그림이 그려져 있어야 한다. 그리고 이것이 기업 활동에 일관되게 적용되어야 한다.

보다 다양한 직원들을 뽑고 유지하는 능력이 중요해질 것이다. 한국 기업들은 단일민족 전통이 강하다. 그래서 다양한 인재를 유치하는 데 어려움이 있는 것 같다. 이것이 한국의 도전과제이자 기회이다. 한국은 더 많은 다양한 인재를 유치하고, 이를 유지하는 능력을 키워야 한다. 다양성이 혁신의 핵심이다. 혁신은 다양한 생각 및 경험과 문화적 배경을 가진 사람들이 모여서 동일한 문제에 대해 다양한 방식으로 생각하는 가운데 나온다. 글로벌 기업일수록 다양성이 떨어지는 경우도 있다. 임원진을 보면 전부 자국 사람들이다. 다양성 유지는 미래 성공적인 기업의 조건이다.

인재관리 프로세스를 통합해야 한다. 많은 경우 인재를 유치하고, 채용하고, 실적에 대해 보상하는 관행들이 서로 잘 연계되지 못하고 있다. 연결고리를 잘 찾아줘야 한다. 나를 채용할 때 어떤 능력을 필요로 하는지, 그 능력을 어떻게 키워나갈지, 그것에 대해 어떻게 보상해줄지 고민해야 한다. 그런데 대부분의 기업들은 이에 대해 일관된 프로세스를 가지고 있지 않다. 모든 리더들과 경영자들이 이런 접근을 잘 해야 한다.

인재관리는 단지 총무부나 HR 부서에서만 하는 게 아니다. 기업 전반의 리더들이 함께 책임져야 한다. 인재관리를 잘하고 있는 기업들의 특징을 보면, 인재관리 업무가 기업 전반에서 잘 통합된 방식으로 이뤄지고 있다. 많은 회사의 경영자들은 고가평가, 카운슬링, 피드백을 어떻게 해야 할지 몰라서 헤매곤 한다. 감원을 해야 할 때 직원들을 어떻게 관리해야 하는지조차 잘 모르는 회사가 있다.

피터 치즈 Peter Cheese

엑센추어의 재능과 조직수행업무 Talent&Organization Performance Practice 총괄자로서 직원들의 능력을 관리하고 인재 개발 역할을 책임지며 관리의 구조를 개선시키는 일을 했다. 《The Talent Powered Organization: Strategies for Globalization》의 공동저자로 현재 런던 비즈니스 스쿨 겸임교수로 재직 중이다.

"인재관리로 새로운 기회를 창출해야"
글로벌 기업의 위기 극복과 인재관리

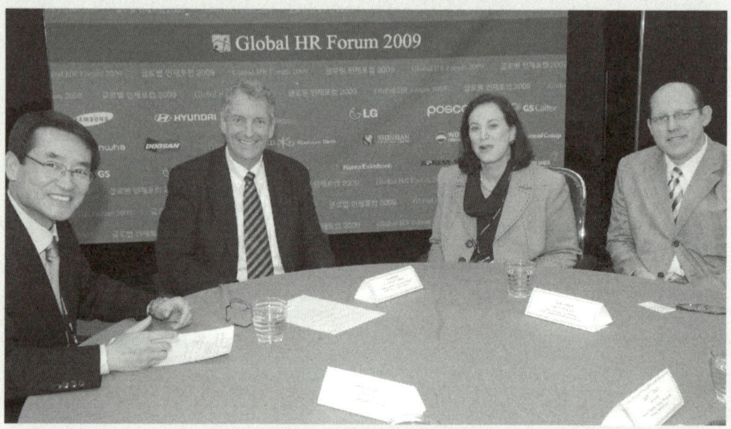

특별좌담회에 참석해 '글로벌 기업의 위기 극복과 인재전략'에 대해 논의하는 김주현 현대경제 연구원 원장, 데이비드 울리히 미시간대학교 경영학과 석좌교수, 린다 마이어스 SK 상무, 스캇 드라흐 보잉인터내셔널 부사장(왼쪽부터).

▼김주현(현대경제 연구원 원장) : 더블딥 논의가 나오고 있습니다. 현재 경제침체가 어느 정도 심각하다고 할 수 있을까요?

▼린다 마이어스(SK 상무) : 가장 어려운 시기는 막 지나간 것 같습니다. 대량 구조조정을 할 필요는 없을 것 같고요. 이미 긴축정책을 했고, 그것은 효과가 있었습니다. 꽉 조였던 안전벨트를 좀 느슨하게 해도 될 것 같다는 뜻이죠. 이제는 기업과 인재의 세계화에 대해 좀 더 논의해야 할 때입니다.

▼스캇 드라흐(보잉인터내셔널 부사장) : 우리는 경기 변화에 따른 대응 매뉴얼을 마련해놓고 있습니다. 현재 최악은 벗어났지만 경기 상황을 지켜보면서 대응하려고 합니다.

▼김주현 : 글로벌 기업이 경제침체를 극복하기 위한 전략은 무엇이 있을까요?

▼스캇 드라흐 : 세 가지로 나눠볼 수 있습니다. 첫째 건강한 핵심 비즈니스를 보호하고, 둘째 인접 산업으로 점차 영역을 확대하는 전략을 수립하며, 셋째 새로운 기회를 창출하는 것입니다.

▼린다 마이어스 : 리더십이 중요하다고 봅니다. 위기가 닥쳤을 때 리더십에 변화를 주는 것은 늦습니다. 수시로 CEO의 전략과 그가 처한 경제 상황을 점검하면서 주기적으로 변화를 줘야 합니다.

▼데이비드 울리히(미시간대학교 경영학과 석좌교수) : 핵심적인 전략으로 세 가지를 꼽을 수 있습니다. 첫째 핵심 비즈니스를 보호해야 한다는 데 동의합니다. 둘째는 성장을 위해 산업 지형의 변화와 고객 변화에 집중해야 합니다. 마지막으로 대담하고 창의적인 방식으로 비즈니스를 이끄는 게 중요합니다.

어려울수록 인재의 중요성이 커진다

▼김주현 : 위기 때 기업에 가장 중요한 이슈는 무엇일까요?

▼린다 마이어스 : 위기일수록, 경제가 어려울수록 인재의 중요성이 커지기 마련이죠. 하지만 그에 대해 일반화하기는 어렵습니다. 각 기업의 가치와 베이스를 기반으로 해서 인재 전략을 짜야겠지요.

▼데이비드 울리히 : 한국의 인턴 제도는 매우 흥미롭습니다. 정부가 인턴 제도를 독려하고 기업이 대학과 연계해 대규모 인턴을 채용하는 것은 미국 시스템이 갖지 못한 장점입니다. 인재 문제는 정부와 산업, 대학이 함께 고민하고 해결해야 합니다.

▼스캇 드라흐 : 위기에 시나리오별로 기업들이 대응책을 짜듯, 인재 전략도 시나리오별로 대처할 필요가 있습니다. 보잉사의 경우 경제위기 단계마다 별도의 인재전략을 구축해놓고 있습니다.

▼김주현 원장 : 한국 기업들에게 조언을 부탁드리겠습니다.

▼스캇 드라호 : 한국은 엔지니어 육성에 더 힘써야 합니다. GDP는 세계 13위인데 기술 전문가는 그에 미치지 못하고 있습니다.

▼린다 마이어스 : 인재의 다양성을 확보했으면 좋겠습니다. 우선 여성과 외국인 노동자 비중을 늘리고 그들의 의견을 경청해야 합니다.

▼데이비드 울리히 : 리더보다 리더십이 중요합니다. 경제 불확실성 시대에 기업들은 더욱 리더십의 필요성을 절감할 것입니다. 리더십의 핵심은 Focus(집중), Innovation(혁신), Globalization(세계화), Accountability(책임감)입니다. 아시아 사람들은 기업에 대한 소속감이 강해요. 그것을 버릴 필요는 없겠지요. 다만 리더들이 더 배우려고 하고 권위를 배분하는 것이 필요합니다.

▼김주현 : 한국은 미국 대학에서 많은 박사를 배출했습니다. 이것이 한국의 희망이라고 생각하는데요.

▼데이비드 울리히 : 맞습니다. 하지만 지식 자체보다 지식을 생산성으로 연결시키는 것이 중요합니다. 한국은 노동시간에 있어서도 세계에서 가장 긴 편에 속하지 않습니까? 그런데 일을 많이 하는 것이 아니라 일을 현명하게 하는 것이 점점 더 중요한 시대가 되고 있습니다. 한국 기업들이 향후 지속 성장을 위한 HR 전략을 수립하려면 근본적인 두 가지 문제가 해결돼야 합니다. 첫째 지나치게 낮은 출산율을 높이는 것, 둘째 외국인 노동자의 이민을 늘리는 것입니다. 한국은 출산율을 대체할 인구가 필요합니다.

▼린다 마이어스 : 저는 거기에 여성 정책을 추가하고 싶습니다. 출산율을 높이기 위한 여성 정책이 획기적으로 변화해야 합니다. 아이를 낳으라고 아무리 강조해도 여성들이 출산 후 회사에서 일할 수 있는 육아 지원책이 없으면 소용없는 일 아니겠습니까.

CHAPTER 4

인재가 미래다

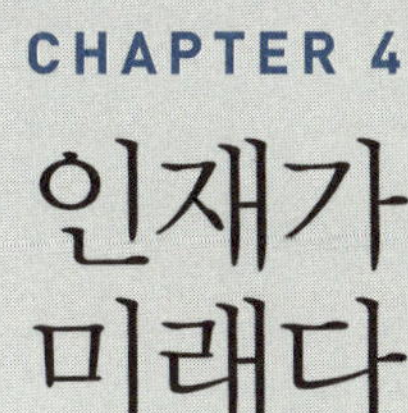

"세계는 평평하지 않다. 인터넷과 실시간 통신의 발달로 세계가 평평해지리라고 예측하는 것과는 달리 첨단 산업의 혁신적인 변화는 특정 클러스터의 주도에 의해 가능하다. 와플처럼 튀어나온 이들 클러스터 간 네트워크를 통해 산업과 국가 전반에 걸쳐 혁신이 이뤄진다."

월리엄 밀러

"한국 · 중국 · 일본 3국간에 유럽의 에라스무스 프로그램을 본딴 '아시아판 에 라스무스 프로그램'을 만들어야 한다."

가와구치 기요후미

01 인재 경영은 고등학교 때부터

미국 고등학교의 인재 기르기

미국 뉴저지주 해켄색에 있는 공학 특성화 고등학교 BCTS. '이미지 FX' 프로젝트팀에 속한 학생들이 복도 중앙에 둘러앉아 토론을 하고 있다.

"이번에 만든 선글라스는 자외선 차단 효과를 향상시킨 게 특징이야."

한 학생이 제품의 기술적 특징을 설명하자 다른 학생이 마케팅 방안에 대한 의견을 내놓는다.

"그렇다면 고객들에게도 그 점을 강조해야 되겠군."

미국 시사주간지 《유에스뉴스 & 월드리포트》가 올해 미국 내 최고 고등학교로 선정한 BCTS에선 이런 토론을 벌이는 학생들을 쉽게 볼 수 있다. 학생들은 모든 수업을 스스로 이끌어가는 프로젝트 방식으로 진행한다. 각자의 독특한 아이디어나 교사의 제안을 토대로 계획을 세우고 팀을 구성해 프로젝트를 진행하는 것이다.

"물건 만들어 선생님에게 팔아라."

로버트 알로이아 BCTS 교장은 프로젝트 수업 방식을 고집하는 이유에 대해 이렇게 설명한다.

"기업이 요구하는 창의성을 길러주려면 학생들이 흥미를 느끼고 자발적으로 참여하도록 해야 한다. BCTS 학생들은 모든 걸 직접 해보면서 기업 현장에 바로 적용할 수 있는 지식을 얻는다."

또한 BCTS는 기업 현장과 학교 교육 간 연계성을 높이기 위해 매년 새로 뽑는 교사들 중 일정 수 이상을 기업 근무 경력이 있는 사람들로 채운다.

BCTS 인근 린크로프트 지역에 있는 과학 특성화 고교 HTHS도 교육의 첫째 목표를 '기업 적합형 인재 기르기'에 두고 있다. HTHS의 공학 부문 담당 교사 찰스 크리스토는 자신을 '고객'이라고 소개했다.

"항상 학생들에게 선생님을 고객이라고 생각하고 선생님이 사고 싶어 할 물건을 만들어보라고 한다. 기업이 고객의 요구에 맞는 제품을 연구하는 것과 비슷하다고 보면 될 것이다."

학생들은 3~5명씩 팀을 만들어 스스로 주제를 정해 연구하고, 교사는 학생들의 계획을 보고받고 진행 상황과 결과물을 점검하는 역할만 한다. 한 학급당 학생 수가 20명을 넘지 않으며 교사 1인당 학생 수는 10명이 채 안 된다. 교사들은 모든 프로젝트의 진행 상황을 꼼꼼히 살펴볼 수 있다. HTHS는 지역사회의 전문직 종사자들을 학생들과 1대1로 연결한 멘토링 제도도 시행하고 있다.

우수인재 몰리는 '마이스터고'

경제위기 터널을 벗어나기 위해 안간힘을 쓰는 세계 각국은 요즘 산업 현장의 경쟁력을 좌우하는 기술인력 양성에 깊은 관심을 보이고 있다. '마이스터고' 등 산학 협력에 대한 기업과 지역사회의 적극적

프란츠 테로켄 독일 인프라코 직업교육담당(오른쪽부터), 정찬웅 (주)한국델켐 대표, 김창수 중앙대 교수, 닐 도노반 미국 크로포드카운티 직업기술교육센터 소장, 정태화 한국직업능력개발원 박사, 현수 수원하이텍고등학교 교장 등이 기술인력 확보를 위한 산학협력에 대해 토론하고 있다.

인 역할도 크게 강조되었다.

비교적 직업교육 체계가 잘 갖춰졌다는 평가를 받는 독일과 미국.

먼저 독일의 경우, 대학 대신 직업교육을 택한 학생들은 일주일에 하루 이틀은 학교에서 기술 이론 교육을 받고 나머지 3~4일은 임금(정규직의 70~80%)을 받으며 기업에서 전문적인 기술을 습득한다. 언제든 다른 길로 바꿔 탈 수 있는 '듀얼시스템'이 정착됐다.

정부 · 기업 · 지역사회가 적극 지원해야

미국은 주마다 각각 정책이 다르긴 하지만 10~12학년(고교 1~3학년) 학생들이 반나절은 공부하고 나머지는 기술을 배울 수 있는 시스템이 있다. 그 중심에는 지역 센터가 자리 잡고 있다. 지역별로 '직업교육 자문위원회'가 구성된 것이다. 기업들이 자발적으로 참여해 정기적인 회의를 열고 커리큘럼을 만들거나 교사들 재교육을 담당한다.

한국에서도 마이스터고가 출범했다. 수원하이텍고등학교. 한국형 마이스터고는 진학과 취업을 병행하는 형태가 아니라 취업을 타깃으로 한다. 수원하이텍고는 삼성전자의 150여 개 협력업체와 연계되어 있다. 산업체 임원과 교육 전문가 등이 학생 선발에서 멘토링까지 참여한다. 10년 내 명장을 배출해내는 것이 목표다.

독일과 비교해 다른 것은, 한국은 '영young 마이스터'를 키워내고자 한다는 것이다. 대학을 거치지 않고도 산업계에서 최고 기술자를 책임 있게 만들어보겠다는 정부의 의지다. 남학생의 경우 군 입대 시 자신의 특기와 군복무를 연계해주거나 차후 재교육 기회 등을 국가가 지원해준다는 계획도 세웠다.

출발은 좋은 편이다. 현재 국내 21개 마이스터고 중 18개 학교가 학생 모집을 마쳤는데 경쟁률이 3.569 대 1로 나타났다. 지원학생들의 내신 성적도 상위 30% 이내에 드는 등 상향되고 있다.

대학에서도 역할을 고민하고 있다. 중앙대가 모집에 나선 '글로벌지식학부'는 그런 면에서 의미가 깊다. 고교 졸업 후 3년 이상 산업현장에서 근무한 경험을 가진 기술인재들이 재교육을 원할 경우, 수학능력시험을 치르지 않고 그대로 대학에 들어올 수 있는 것이다.

산학협력의 성공 여부는 서로에 대한 확신과 믿음에 있다. 한국델켐이 협약학과 사업을 통해 정수폴리텍대학과 함께한 것이 대표적인 사례다. 교육과정, 교재개발은 물론 1년간 교수들의 순환 재교육을 진행했는데 효과가 아주 좋았다. 회사가 필요로 하는 숙련된 인력을 양성할 수 있었던 것이다. 학교와 노동시장 간 원활한 정보교환은 물론 인적·물적 자원 교류도 강화해야만 한다.

앞으로도 지역·국가 단위의 보다 적극적인 협조가 필요하다. 직업교육을 거친 인력에 대한 병역 문제나 기업체 교사들을 재교육하는 문제 등은 개별 학교 단위로는 해결하기 힘들기 때문이다.

02 미래 사회 키워드는 녹색인재

윌리엄 밀러(스탠포드대학교 석좌교수)

윌리엄 밀러

세계는 녹색성장을 선택이 아닌 생존의 문제로 인식하고 있다. 한국이 세계 녹색성장에서 주요한 역할을 수행해야 한다. 세계적으로 녹색기술의 역할과 발전방안에 대해 다양한 논의가 진행되고 있다. 온실가스 감축을 위해 덴마크 코펜하겐에서는 UN정부 간 기후변화협의회IPCC가 열리기도 했다.

온실 가스는 인간 행동양식의 문제다. 문제는 아직도 정치적으로 미국이 온실가스 문제해결의 시급함에 대해 확신하지 못하고 있다는 점이다.

글로벌인재포럼 2009에 참석한 '기술경영의 창시자' 윌리엄 밀러 스텐퍼드대학교 석좌교수. '녹색경제와 경쟁 클러스터'를 주제로 강연하고 있다.

　　온실가스를 감축하면서도 경제성장에 지장을 받지 않아야 한다는 점 역시 중요하다. 환경보전이라는 과거 소극적인 패러다임에서 녹색성장이라는 적극적인 패러다임에 맞는 과학기술의 역할도 분명히 존재할 것이다.

대학 녹색기술 산업화할 환승기관 필요

녹색성장의 키는 석유, 석탄 등 기존 에너지원에 대한 의존도를 어떻게 줄이는가 하는 데 있다. 쉬운 방법은 에너지를 절약하고 효율을 높이는 것이다. 현재 개발되고 있는 스마트 그리드(차세대 지능형 전력망)나 발광다이오드 LED 같은 조명 시스템의 효율 극대화가 좋은 방법이다. 보다 중요한 것은 대체에너지 개발이다.

에너지를 절약하는 것만큼 효율을 높이는 것도 중요하다. 스위스에서는 주택의 단열성을 높이면 정부에서 보조금을 준다. 녹색성장을 위해서는 과학기술만으로는 충분치 않다. 산업 분야에서 과학을 시행하고 사회에서 이를 수용해야 한다. 스위스에서는 원자력발전소들이 지어진 지 50년가량 됐다. 이것들을 새로 짓지 않으면 10년 후에는 전기를 수입해야 할 상황이다. 그런데 사회 구성원들의 원자력에 대한 반대가 만만치 않다.

미국도 사정은 비슷하다. 자원으로는 석탄이 가장 많은데 석탄발전소를 짓는 것은 경제적 비용이 많이 들어 어떻게 해결해야 할지 논쟁이 치열하다.

녹색성장을 선도할 대표 녹색 기술로 재료공학이 중요하다. 지금은 값이 비싸 산업화에 어려움이 있지만 솔라셀(태양전지)이 대표적이다. 더 큰 가능성으로는 새로운 소재인 퓨어셀(수소연료전지)이 있다. 소프트웨어 분야에서는 스마트 그리드가 있다. 기후 예측기술의 발달은 식량부족 문제해결에 도움을 줄 수 있다. 태양전지 등 개발을 위한 폴리머(중합체) 과학기술이 발달해야 한다. 한국이 이 분야에서 앞서 있다.

녹색기술 개발을 촉진하기 위해서는 기초·원천연구를 하는 대학의 역할이 중요할 것이다.

미국 경우, 의회에 과학기술 배경지식을 가진 의원이 없다는 점이 문제다. 이에 따라 지난 3월 스탠포드대학교와 듀크대학교를 비롯한 몇몇 대학들이 학제적 프로그램을 만들었다. 이공계를 전공하는 학생들에게 사회학 정치학 등을 가르쳐 글로벌 리더로 클 수 있게 하는 것이다. 물론 과학자나 기술자들만으로는 문제를 해결할 수 없다. 엔지니어들이 리더가 되기 위한 소양을 가르쳐야 한다.

녹색기술 개발과 경제적 이익

한국의 녹색성장 정책이 성공적으로 발전해나가려면 대학을 지원하는 외부 기관의 적극적인 역할이 필요하다. 대학이 대규모 스케일의 연구를 하는 것은 힘들다. 미국에서 항공우주국NASA이 대학의 기술을 산업화시키는 중간역할을 하듯, 한국에도 그런 기관이 있어야 한다.

녹색기술 개발과 경제적 이익을 내는 것은 별개의 문제라는 점을 명심해야 한다. 녹색기술을 개발하면서도 지속적으로 이익을 낼 수 있도록 힘써야 한다.

녹색 기술은 모든 나라에 큰 기회가 될 것이다. 특히 한국은 이미 기본이 되는 여러 가지 기술을 보유하고 있기 때문에 더욱 특별한 기회가 될 것으로 생각한다. 녹색 기술은 여러 기술과 융합하는 것이 기본 생리이기 때문이다. 특히 에너지 보존Energy Conservation 분야에서 여러 기술이 융합되는 것은 매우 중요하다. 에너지 보존 분야는 새로운 소재와 기술을 통해 보다 나은 에너지 효율성을 추구하는 것이 그 핵심이다.

녹색성장 과정을 잘 평가할 수 있는 입장은 아니지만, 많은 국가들이 태양열에너지 개발에 대해 많은 노력을 집중하고 있다. 이미 태양열에너지 개발과 관련한 충분한 배경을 마련한 것으로 알고 있다. 현재 세계는 탄소 배출권 프로그램이 큰 화두이며 논쟁이 되고 있다. 이 부문에서 주도권을 잡는 국가가 미래를 선도할 것이다.

앞으로 녹색성장의 중요한 이슈는 에너지 효율성이다.

이제까지 새 에너지 자원을 개발하는 데 많은 무게가 실려 있었다. 하지만 최근 사람들은 에너지의 효율적 이용에 대한 중요성을 인식하기 시작했다. 나도 에너지 보존이 더 중요하다고 생각한다. 이제 사람들은 빌딩이나 집을 지을 때 에너지를 어떻게 더 절약할 수 있을지 방법과 기술을 논의하고 있다. 조명 분야에도 이러한 노력이 집중되고 있다. 파워 그리드, 스마트 그리드 연구도 같은 맥락이다.

에너지 개발 분야에서는 태양열에너지가 핵심을 이루고 있다. 또한 바이오 연료도 논의의 한가운데에 있다. 바이오 연료는 계속 급등하는 유가에 영향을 받지 않을 수 있기 때문이다. 그리고 우리는 석탄과 같은 기존 에너지 자원을 이용하더라도 청정에너지가 될 수 있도록 기술을 개발할 필요가 있다.

비즈니스가 아니라 기술과 사랑에 빠지는 게 문제

기술 경영은 기존 전통적인 공학뿐만 아니라 많은 분야에 적용할 수 있다. 쉽게 말해 기술과 경영 활동을 융합해 어떻게 기술을 효과적으로 관리해서 어떻게 비즈니스로 전환하고 확대하느냐의 문제다. '가치의 판매 selling value'는 내가 강조하는 것 중 하나로, 이것은 기술을 비즈니스로 변환시키는 과정의 핵심이다.

한국의 중소기업들은 기술 경영에 취약한 편이다. 현대나 삼성 등 대기업은 기술 경영을 매우 잘하고 있다고 생각한다. 그러나 한국의 중소기업은 기술 경영에 훨씬 더 중점을 둬야 한다. 단지 기술을 개발하는 것에만 매달릴 것이 아니라 그 기술을 가지고 어떤 비즈니스를 전개할 수 있는지 더 많이 궁리해야 한다. 일부 회사들이 실패하는 원인을 분석해보면, 여러 가지 이유가 있지만, 가장 많은 것은 비즈니스와 사랑에 빠지기보다 기술과 사랑에 빠진 것이 문제였다.

다른 아시아 국가인 일본과 중국 등의 기술 경영에 대해 말하자면, 먼저 일본은 중소기업일지라도 기술 경영에 대한 의식이 강한 것 같다. 일본 기업들은 기술 경영과 관련해 무엇을 해야 하는지 잘 알고 있다. 그리고 더욱 개선해나가고 있다.

중국은 아직 발전 과정에 있어 매우 소수의 기업만이 글로벌 기업이다. 많은 중국의 기업들이 글로벌 기업으로 성장하기를 열망하고 있다. 중국 기업들이 세계적 기업으로 성장하려면 글로벌 시장에 대한 연구를 많이 해야 하며, 기술 경영에 대한 개념을 확실히 염두에 두어야 할 필요가 있을 것이다.

혁신의 시대에 기술 경영이 왜 중요한가?

혁신을 권장하는 환경뿐만 아니라 비즈니스 과정에서 접촉하는 이들을 이해할 수 있어야 한다. 소비자들에게 어떤 일이 일어나고 있으며 그들이 무엇을 원하는지 파악하는 것 등이다. 나는 휴렛팩커드HP사의 고문이었는데, 당시는 HP가 단순한 설비 회사에서 컴퓨터 회사로 변모하는 시기였다. 기계 회사의 내부 문화는 컴퓨터 회사의 그것과 매우 달랐다. 설비 회사의 엔지니어들은 다른 엔지니어에게 제품을 팔기만 하면 됐지만, 컴퓨터 회사에서는 비엔지니어인 일반인들의 요구를 파악해야 했기 때문이다. 그래서 HP는 기존 설비회사일 때 필요하지 않았던 마케팅 전문 인력을 전격 투입했다. 그들은 고객의 요구를 적극적으로 파악하려고 노력했고 이것이 오늘날의 HP란 세계적 기업으로 성장시킬 수 있었다.

배움에서 가장 좋은 방법은 고전을 두루 섭렵하는 것

내 이름을 따 밀러 MOT스쿨을 설립한 사실을 다들 아실 것이다. 나는 명예 원장이고 정순양 원장이 실제 밀러 MOT스쿨을 총괄한다. 1년에 2번 정도, 학기 시작할 때 건국대에 가서 기술 경영에 대한 기본 개념을 학생들에게 강의할 예정이다. 교수 채용에도 관여하고 교수진과 함께 커리큘럼을 짜게 될 것이다. 건국대 밀러 MOT스쿨 운영에 조언하는 역할이라고 할 수 있다. 밀러 MOT스쿨의 학생들이 한국의 산업 경쟁력을 더욱 높일 수 있는 인재로 성장할 수 있도록 노하우를 전수할 계획이다.

이제는 공학도도 경영학 배경과 비즈니스 마인드가 없어서는 안

된다. 과거에 대부분의 아시아 국가에서는 공학도에게 경영학을 가르치지 않았다. 하지만 미국에서는 100년 전 초기 산업화시대부터 산업공학이라는 카테고리 안에서 엔지니어에게 비즈니스를 훈련시켰다. 기술경영대학은 공학도가 초기 단계에서 경영에 대한 것을 이해할 수 있도록 회사의 재정을 수립하고 프로젝트를 기획하며 새 기술과 제품 개발을 연결하는 훈련을 시켜왔다.

공학도도 세계 경제에 어떤 일들이 일어나고 있는지 이해하는 것이 중요하다. 디자인을 할 때도 경제 환경에 맞게 해야 하는 것이다. 예를 들면, 개발도상국에서 판매할 제품의 디자인은 선진국용과 달라야 한다. 인도의 타타자동차는 한국 돈으로 약 288만 원에 차를 팔고 있다. 인도인들은 일반적으로 오토바이를 타고 이동하는데, 교통수단을 자동차로 대체하기 위해 생산비용을 저가로 맞춘 디자인이 핵심이었다.

어디에도 잘 융화되는 인재에 무게가 실리고 있다. 깊은 지식도 중요하지만 다방면의 지식이 현대사회에서 요구되고 있다. 피터 드러커는 "배움에서 가장 좋은 방법은 고전을 두루 섭렵하는 것"이라고 했다. 이는 폭넓은 지식을 강조하는 말이다. 여러 가지 배경 지식을 융합해 새로운 가치를 만들어 낼 수 있는 능력이 중요하다.

한국은 다른 나라에 비해 경기 불황을 잘 극복해내고 있다. 10여 년 전 경제위기를 현명하게 이겨낸 경험이 있기 때문일 것이다. 그때 학습한 것들이 이번 경제위기 극복에 좋은 교훈이 됐음에 틀림없다. 한국은 점점 더 아시아와 세계에서 중요한 역할을 하게 될 것이다. 정치적으로도 중국과 일본 사이에서 중추 역할을 할 것으로 생각한다.

중국이 빠른 속도로 부상하는 가운데 한국은 중국의 변화에 잘 대처해나가며 지금보다 더욱 유연한 나라가 될 것으로 보인다. 예를 들면, 중국에서는 일본차보다 한국의 현대차가 더 인기 있고 잘 팔리는 것으로 알고 있다. 한국의 음악과 게임 역시 중국에서 엄청난 인기가 있는 것으로 알고 있다. 중국은 매우 큰 시장이다. 중국이란 거대 시장은 한국에 큰 기회가 될 것이다. 오히려 미국 시장보다 더 커질 수 있다. 중국인은 한국 제품을 매우 사랑한다.

한국 경제는 앞으로 글로벌 이슈에 대해 어떻게 대응할지 배워야 한다. 그리하여 장차 몇 십 년 동안 역동적으로 움직일 것으로 생각한다.

윌리엄 밀러 William Miller

현 건국대학교 밀러 MOT스쿨 초대 명예 원장인 윌리엄 밀러. 1949년 미 퍼듀대학교 물리학과를 졸업한 뒤, 1965년에 스탠퍼드 대학교 교수로 부임했다. SRT 개발회사 대표이사로 활동하였으며 1979년에 스탠퍼드대 부총장직을, 1997년에는 공대 명예교수직을 역임했다.

80대 중반의 나이가 무색할 정도로 세계 각지를 누비며 기술경영을 전파할 뿐만 아니라 야생동물 보호 활동까지 전개하였다. 최근 건국대학교는 밀러 교수의 이름을 딴 기술경영대학원을 설립하기도 했다.

녹색성장이란?

녹색성장Green Development은 공동체 또는 지역 환경의 개발과의 관련성을 포함하는 토지 이용 계획으로, 현장 특유의 녹색 건물의 개념과 밀접한 관련이 있다. 도시 계획, 환경 계획, 건축, 공동체 건물 등이 모두 포함된다. 녹색성장 전략은 모든 내용을 망라한 '로키산 연구소Rocky Mountain Institute'의 Green Development: Integrating Ecology and Real Estate(녹색성장 : 생태와 부동산의 통합)' 에서 유래한다. 대한민국 정부는 2008년 주요 정책으로 저탄소 녹색성장을 제시했다. 여기에서 녹색성장은 '에너지·환경관련 기술과 산업 등에서 미래 유망품목과 신기술을 개발하고, 기존 산업과 융합하면서 새로운 성장 동력과 일자리를 얻는 것' 으로 보다 구체적으로 설명되었다.

대한민국의 경우, 녹색성장의 영문 표기는 Green Development가 아니라 Green Growth이다. 이는 토지 이용보다는 전체 경제의 생산량(GDP) 증가량에 초점을 맞추는 개념이다.

〈출처 : 위키피디아〉

03 미래를 향한 한국의 인재들

1 G20 의장국, 미래 한국에 바란다

■ 21세기가 아시아의 시대가 될 것이라고 하는데 유능한 인재 없이는 실현될 수 없는 이야기다. 아시아 국가들은 유능한 인재를 키우고 고등교육의 질을 높이기 위해 협력을 강화해야 한다. 아시아 국가들이 현재 협력을 위한 노력을 하고 있다고 말하기는 힘든 상황이다. 협력을 통해서 유능한 인재를 키우기 위해서는 서로의 문화를 이해해야 한다. 그렇게 해서 다양해질수록 교육은 발전할 것이다.

한국 중국 일본 세 나라 간에 유럽의 에라스무스프로그램을 본뜬 '아시아판 에라스무스프로그램'을 만들었으면 한다. 개별 대학

차원에서는 이미 여러 교환 프로그램이 있는데 이를 국가적인 차
원으로 끌어올려 서로 연결하는 것이다. 우선 정부 차원의 협상을
시작해야 한다. 한·중·일 정상이 이 문제에 관심을 갖고 정기적
으로 만나 논의해야 한다.

대학의 자발적인 노력도 필요하다. 대학들끼리 컨소시엄을 구성
해서 적극적으로 협력해야 한다. 리츠메이칸대학교는 학생들을
더 많이 내보내고 더 많이 끌어들이기 위해서 커리큘럼, 장학제
도, 기숙사 등 모든 부문에서 적극적인 조치를 취했다.

_가와구치 기요후미(리츠메이칸대학교 총장)

■ 21세기의 마스터체인지라고 볼 수 있는 게 안보와 관련된 상호의
존성이다. 더 많은 곳의 더 많은 사람들이 우리들 삶의 방식에 영
향을 미칠 수 있다. 21세기의 도전과제는 라이벌의식, 핵무기만
이 아니다. 새로운 많은 국가들, 다양한 유형의 사람들이 다양한
방법으로 연계되어 있다. 테러범, 조직폭력배, 갱들이 폭력을 행
사하는 일들이 늘어나고 있다. 질병, 에너지, 안보도 점점 부각되
고 있다. 그 외에도 환경, 기후변화가 큰 문제로 국제협력을 요구
하고 있다. 중요한 점은 세계가 바뀌고 있다는 것이다. 새로운 주
체, 새로운 질서가 현대화된 국제시스템에 의해 부상하고 있다.
많은 주체들이 미래의 제도라든지 미래의 규범 틀을 만들어나가
는 데 기여할 수 있다. 미래를 볼 때 더 복잡한 형태의 국제협력을
마련해야 한다. 그리하여 21세기를 위협하는 과제에 맞설 필요가

있다. 강대국뿐 아니라 중소국도 참여해야 한다. WTO체제는 아니더라도 비공식적 단체, 민간도 모두 기여하고 협력할 새로운 방법을 찾게 될 것이다.

미시적 수준에서 놓고 봤을 때 대학에 몸담은 사람들은 교육에 대해 생각하는 두 번째 전환기를 맞고 있다. 어떻게 하면 젊은이들이 21세기를 일원으로 살아가는 데 효과적으로 접근할 수 있는가. 보다 정교한 국제공조가 필요하다. 국가 간 협력은 대학을 통해 강화할 수 있다고 본다. 프린스턴에서는 수백 년간의 기조를 바꿨다. 예전에는 국가를 위한 서비스를 제공하는 대학이었지만, 이제는 모든 국가를 위한 기여를 하겠다는 방식으로 모드를 바꿨다. 미국에서뿐만 아니라 세계의 많은 국가에 기여하겠다는 것이다. 21세기 전반의 기대에 부응하겠다는 것이다. 많이 바뀌고 있다. 희망적이다. 점점 긍정적 방향으로 전환되고 있다. 전체적 수요가 늘어나고 있다. 대학 등 여러 주체들이 탈바꿈을 시도해야 한다.

우리는 지금 세계 정부 지형의 큰 전환점을 맞이하고 있다. 새로운 파워가 어떻게 배분되는가는 밤을 새도 다 말하기 어려울 것이다. 중국이 떠오르고 있고 브라질 인도 남아공도 마찬가지다. 특히 한국은 이 같은 신흥세력의 상징적 사례가 됐다. 한국은 갈수록 지역적으로뿐 아니라 세계적으로 힘을 기르고 있다. 2010년 이후에는 이를 확인할 수 있을 것이다.

미국과 안전보장이사회는 정체되어 있다. 브레튼우즈 체제도 그렇다. 하지만 G20는 유연한 메커니즘이 있다. 공식적인 조약 없이도 리더십을 발휘한다. 집단적인 리더십과 진정한 실행이 가능한 구조다. 글로벌 시스템의 새로운 상징이 될 것이다. 한국은 이러한 상징적 사례다. 무역 증대와 민주화의 길을 걸어오면서 글로벌화 했다. G20의 중요성이 더 커지고 있다. 더 큰 대표성을 갖게 됐다. 오바마 대통령은 남북의 빈부국 격차와 동서 간 교류에 많은 관심을 갖고 있다.

한국은 강대국과 개발도상국을 잇는 브리지 컨트리다. 민주화와 산업국가로서의 발전을 이뤄왔다는 점에서 글로벌 리더십의 새 아이콘에 적절하다. 한국에 많은 기회가 있을 것이다. 금융과 환경 에너지 인권 안보 등 다양한 국제 이슈에 리더십을 보여줄 수 있을 것이다.

_존 아이켄베리(프린스턴대학교 국제정책대학원 석좌교수)

■ 한국은 다른 G20보다 빠르게 성장하고 있다. 중요한 것은, 기성세대 아닌 신세대들이 빠르게 성장해야 한다는 점이다. 물론 기성세대 인재도 매우 중요하다. 젊은 세대를 끌어올리는 데 중요한 역할이 있기 때문이다. 하지만 기성세대는 변화에 두려움이 있다. 한국 인재는 기술적인 면에서 단연 미국보다 돋보인다. 하지만 혁신의 능력, 리스크감수 능력, 비즈니스의 공통어인 영어 등은 개선의 여지가 있어야 한다. 마포의 한 아파트에 사는 어린 소년이 있는데, 나를 보자마자 자기 영어 이름이 케빈이라며 말을 건네오더라. 깜짝 놀랐다. 아이 엄마는 조용히 시키려 했지만 아이는

대담하게 내 눈을 보고 계속 대화를 시도했다. 전 세계의 케빈과 같은 아이들이야말로 우리가 앞으로 양성해야 할 대상이다. 젊을 수록 더 많은 가능성이 있다. 나중을 생각하면 늦는다. 장차 언젠 가 더 많은 책임과 직무를 준다는 말로는 부족하다.

특히 여성 인재에 더 많은 신경을 써야 한다. 한국 출산율이 최저 라는 것을 알고 있다. 우려되는 일이다. 분명 말씀드리고 싶은 건 한국에 유능하고 재능 있는 여성이 많다는 점이다. 출산율을 높이 면서도 많은 인재를 유치해야 하는 건 당연한 일이다. 단순히 엄 마 역할만 강조하는 게 우리로선 좋을 리 없다. 여성에게 친가족 적 정책을 많이 제공해서 탁아시설, 서비스, 여성 대상의 탄력근 무제 도입을 늘려나갈 수 있다면 여성 남성 모두 건강하게 후세를 길러내면서 경제에 기여할 수 있다고 본다.

셋째, LG와 삼성과 현대 같은 한국 기업들이 더 많은 글로벌 인재 를 들여와서 일터를 보다 더 다양하게 만들고 있는데 신입이건 고 위급이건 모든 면에 있어서 글로벌한 영어를 많이 활용해야 한다 고 본다. 한국은 한국어로 교육을 받는다. 그런데 동일한 언어로 교육하면 자원도 많이 아낄 수 있고 특히나 외국인과의 관계에서 주요한 역할을 할 수 있을 것이다. 이미 상당히 탄탄하고 활발한 일터이며 삶의 터전이지만, 이런 걸 감안하면 더 좋아질 것이다.

_린다 마이어스(SK 상무)

■ 한국은 교육 때문에 발전한 나라다. 교육 의제를 글로벌 커뮤니티

에 제공할 수 있는 중요한 이유가 된다. G20회의의 주제가 되는 환경변화, 녹색성장, 지속가능한 성장 등의 변화를 가능케 하는 것이 교육이다. 글로벌 이슈를 풀 수 있는 것 또한 교육이다. 교육은 핵심적이며 기본적인 사안이다. 아직 의무 교육이 없는 국가가 많다. 한국은 개발도상국과 선진국의 사이에 있다. 슈퍼 파워도 아니다. 그러나 한국은 G20회의에서 중요한 역할을 할 수 있다.

_니콜라스 버넷(유네스코 전 부총재)

■ 교육이 아직까지는 글로벌 이슈가 아니다. 한국에서 개최되는 G20정상회의가 '교육이 핵심 의제가 되는 첫 번째 국제회의'가 되길 바란다.

_휴고니어(OECD 교육국 부국장, 교육 매니저)

■ 한국은 2010년에 G20 정상회담 개최국이다. 한국은 개발도상국에 좀 더 관심을 가져야 한다. 최근 워싱턴 소재 글로벌개발센터 CGD가 발표한 상위 선진 22개국의 빈곤국 개발기여도 지수를 보면 한국은 지난해에 이어 올해도 꼴찌다. 대외원조, 통상, 투자, 환경, 기술 등 여러 분야가 있겠지만 '인재육성'과 '교육'에서도 한국의 역할을 더 키워야 할 것 같다.

_김영길(한동대학교 총장)

1. 인재를 '낚시' 하지 말고 '재배' 하라

_박세준(한국암웨이 대표)

"기업이 필요한 인재를 시장에서 적기에 얻기 위해서는 대학과 연계해 맞춤형 인재를 길러내야 합니다. '인재 낚시' 가 아니라 '인재 재배' 죠. 한국암웨이는 건강식품 개발을 위한 생명과학 분야 인력 확보를 위해 이화여자대학교와 협력하고 있습니다. 산학협력과정 졸업생들을 실제 암웨이의 프로젝트에 참여하게 해 능력을 테스트한 후 직원으로 뽑고 있습니다."

2. '내비게이션형 인재'를 찾아라

_김영길(한동대학교 총장)

"내비게이션은 거시적인 화면과 미시적인 화면을 반복해 보여주면서 길을 찾아갈 수 있도록 도와주는 기기입니다. 미래의 인재는 이와 같은 역할을 해야 하죠. 모든 문제를 종합적인 시각에서 바라볼 수 있는 거시적인 시각, 특정 분야에서 전문성을 발휘할 수 있는 미시적인 지식을 동시에 갖추고 있어야 한다는 의미입니다."

3. '페이스북'과 '싸이월드'로 인재를 관리하라

_캐리 윌리어드(마이크로시스템즈 부사장)

"페이스북이나 싸이월드와 같은 '소셜 웹'을 활용해 인재를 키울 것을 기업에 제안합니다. 국제화가 빠르게 진행되고 있고 정보의 양도 2년마다 두 배에 달할 정도로 폭발적으로 늘어나고 있습니다. 시간과 장소에 구애받지 않고 다량의 정보를 실시간으로 공유할 수 있는 소셜 웹 없이는 전 세계에 퍼져 있는 직원들을 제대로 교육할 수 없을 것입니다."

4. 평범한 인재관리에 신경 써라

_리우 청룽(랑세스 글로벌 HR 총괄 수석부사장)

"평범한 건 잘못된 게 아닙니다. 엘리트를 관리하는 것도 중요하지만 그보다는 평범한 인재를 관리하는 게 더욱 중요하죠. 기업의 기본 동력은 엘리트가 아니라 보통 인재입니다. '최고 중의 최고'만 뽑으려는 엘리트 중심적 접근에만 치중하면 기업의 기본적인 업무 역량이 떨어질 수밖에 없을 것입니다."

5. '숙성' 과정 없이는 A급 인재 못 키운다

_피트 샌본(휴잇어소시어츠 글로벌총괄 파트너)

"인재개발의 핵심은 모름지기 시간이지요. 1~2년씩 너무 짧은 기간에 순환 보직으로 일을 시키면 제대로 된 결과를 얻을 수 없습니다. 인재개발을 위해 충분한 경험을 제공해야 하고, 직원들이 잠재력을 펼칠 수 있을 때까지 인내심을 가지고 기다려야 합니다."

6. 창의적 인재를 원하면 '인재상' 부터 버려라

_김희집(엑센추어 코리아 대표)

"한국에서 성장한 글로벌 기업들이 해외에서 인재를 뽑을 때 가장 많이 저지르는 실수는 기존 인재의 모습에 맞추어 해외 인재를 찾는 것입니다. 다양성을 포용할 수 없는 기업은 지금의 위치에서 더 발전하기 힘들죠. 액센츄어 필리핀은 동성연애자 커뮤니티를 운영하고 있습니다. 다양한 이해 집단의 아이디어를 모으기 위해 동성연애자들을 핵심 인력으로 받아들인 것입니다."

7. 외부 인재들과 협력하라

_크리스 웨인라이트(예술협회 유럽연맹 회장)

"외부 인재들과의 협력이 새로운 해법을 제시할 수 있습니다. 지구온난화 문제를 알리기 위해 예술가들을 동원한 '케이프 페어웰'을 예로 들 수 있을 겁니다. 프로젝트에 참여한 예술가들은 이산화탄소 1t 분량을 표현하는 헬륨풍선 구조물을 하늘에 띄우는 퍼포먼스를 보였습니다. 그로써 사람들이 1인당 1년에 이 구조물 10개 분량에 해당하는 이산화탄소를 배출한다는 사실을 보여줬습니다."

8. 실업 문제는 '처방' 아닌 '예방'을 통해 해결하라

_존 맥카시(프랑스 국제경력개발 및 공공정책센터장)

"세계 각국이 고용 촉진을 위해 다양한 노력을 기울이고 있지만 대부분이 사후처방에 그치고 있습니다. 근로자가 실업에 대한 위험을 느꼈을 때 다음 직장으로 옮길 수 있도록 정보 수집능력을 키워주고 직업 훈련도 시켜야 합니다. 국민들이 자신의 커리어를 직접 관리할 수 있는 국가차원의 평생 교육 시스템을 만들 필요가 있습니다.”

9. 국가 차원의 ‘진로 지도’ 구축하라

_멜린다 맥카렌(오클라호마주립대학교 직업교육연구소 소장)

“각 직종마다 성공적으로 경력을 쌓기 위해서는 어떤 과정을 거쳐야 하는지 체계적으로 보여주는 ‘진로 지도’를 구축해놓을 필요가 있습니다. 실제 미국에서는 2만여 개의 직종을 9개의 직업군으로 나눈 ‘커리어 클러스터’를 만들고 이에 맞는 ‘스킬 맵’을 해마다 제공하고 있습니다.

10. 미래 직업 겨냥한 교육시스템 만들라

_박영숙(UN 미래포럼 한국 대표)

“각국 정부가 사라지고 있는 일자리가 아니라 새로 생길 일자리를 위한 창조적인 교육에 나서야 합니다. 미래에 생길 직업을 미리 알아맞히는 것은 불가능하지만 어떤 역량이 요구될지는 가늠할 수 있을 것입니다. 시간과 스트레스를 관리하는 역량, 원활한 의사소통 기술 등을 집중적으로 가르쳐야 합니다.”

"교육 원조 받는 나라에 '벤치마킹 모델' 선택권 줘야"
국제교육 협력을 통한 글로벌 공존 번영

권대봉 한국직업능력개발원 원장, 에두아르도 부스티요 세계은행 아태지역 교육 매니저, 니콜라스 버넷 유네스코 전 부총재, 버나드 휴고니어 OECD 교육부국장(왼쪽부터)이 '국제교육 협력을 통한 글로벌 공존 번영'을 주제로 토론하고 있다.

▼권대봉(한국직업능력개발원 원장) : G20 회의는 참석국인 주요 20개국뿐만 아니라 이외의 국가들에 중요한 신호가 될 수 있습니다. 교육을 통해 국제 사회가 협력하고 공조하기 위해서, 구체적으로 어떤 부분에 초점을 맞춰야 할까요?

▼니콜라스 버넷(유네스코 전 부총재) : 한국은 개발도상국과 선진국 사이에 있습니다. 특히 한국의 발전 원동력은 교육에 있어서 개인적으로 굉장히 흥미로운 상황에 있다고 봅니다. 한국은 충분히 교육 아젠다를 글로벌 커뮤니티에 제공할 수 있습니다. G20 회의의 주제가 되는 환경변화, 녹색성장, 지속가능한 성장 등 모든 것들의 변화를 가능하게 하는 이슈가 바로 교육 아니겠습니까.

▼버나드 휴고니어(OECD 교육부국장) : 교육은 글로벌 커뮤니티를 바꾸는 가장 핵심적인 툴입니다. 하지만 아직까지 교육은 글로벌 이슈가 아니지요. 한국에서 개최되는 G20

회의가 교육이 핵심 아젠다가 되는 첫 번째 국제회의가 되길 바랍니다.

▼에두아르도 부스티요(세계은행 아태지역 교육 매니저) : 전적으로 공감합니다. 교육의 효과는 엄청나거든요.

▼권대봉 : 한국은 교육 아젠다 설정을 통해 주도권을 쥘 수 있을 것입니다. 교육은 경쟁 시스템이 아닙니다. 국가마다 고유의 시스템이 있습니다. 때문에 국제 공조를 하는 데 유리한 면이 있을 수 있습니다.

▼버나드 휴고니어 : 대부분 국가들이 단기간에 눈에 보이는 성과를 나타내는 투자에만 관심이 많고 장기적인 투자에는 관심이 없습니다. 하지만 G20 회의는 즉각적인 효과가 없는 교육에도 다양한 투자를 하도록 유도할 수 있을 것입니다.

▼에두아르도 부스티요 : 특히 교육 투자에는 원칙이 있어야 합니다. 나아가 지속가능해야 하겠지요. 교육은 장기 투자이기 때문에 단발성에 그치지 말고 긴 안목에서 진행돼야 할 것입니다.

▼니콜라스 버넷 : 교육은 장기 비즈니스입니다. 2~3년 만에 눈에 보이는 건물이 들어서는 비즈니스와는 다르지요. 투자 효과가 나타나기까지 적어도 5년은 걸립니다. 단기 관점에서 아무런 효과가 일어나지 않는다고 해서 그만둬서는 안 될 것입니다.

▼버나드 휴고니어 : OECD는 갈수록 늘어가는 국제 학생의 숫자에 주목하고 있습니다. 해마다 200만~300만 명의 국제 학생들이 증가하고 있지요. 이들에 대한 국제 사회의 관심이 필요합니다. OECD는 교육을 수입하고 수출하는 국가들을 위한 가이드라인을 개발하고 있습니다.

▼권대봉 : OECD 차원에서 또는 G20 국가 내에서 교육기관에 대한 인증이 필요하지 않을까 생각합니다. 나아가 교육 수출국에 대한 규제 같은 것도 논의의 대상이 될 수

있겠지요.

▼니콜라스 버넷 : 규제라는 어휘는 강한 표현인 것 같네요. 다만 웹사이트를 통해서 질이 떨어지는 교육기관의 '블랙리스트'와 수준 높은 교육을 제공하는 교육기관의 '화이트 리스트'를 각각 선정해 발표한다면, 좋은 대안이 될 수 있을 것 같습니다.

▼버나드 휴고니어 : 교육의 질을 논하는 데 있어 핵심은 교사들의 수준일 겁니다. 개발도상국의 경우 숙련된 교사가 턱없이 부족합니다. 교육 인증에 관한 한 교사들에 대한 인증이 가장 먼저 고려되어야 할 사항입니다. 개발도상국에 직접 돈을 주는 대신 차라리 우수 교사를 양성하거나 교재를 제공하는 게 낫겠지요.

▼권대봉 : 교육을 통한 국제 공조에 있어 각국의 수준차를 고려해야 합니다. 수준이 높은 기준으로 A, B, C로 나눌 때 A국가가 B국가를 돕고, B국가가 C국가를 돕는 피라미드 형식의 협력을 생각해볼 수 있겠지요.

▼에두아르도 부스티요 : 원조를 받는 국가의 의사도 존중해야 합니다. 어떤 종류의 모델을 그들이 벤치마킹하고 싶은지 묻고, 대답을 들은 후에야 그에 걸맞은 원조를 제공할 수 있는 거지요. 이것이 세계은행이 교육 원조에 적용하는 방법입니다. 모든 국가는 계속 실수를 합니다. 그러므로 서로 어떻게 배울 것인가 고민해야 합니다.

▼버나드 휴고니어 : 국가끼리 성공과 실패의 스토리를 공유할 수 있습니다. 이를 통해 각국들이 서로 배울 수 있습니다. 그렇게 되기를 바랍니다.

▼니콜라스 버넷 : 중요한 것은 정부의 의지겠지요. 아무리 선진국이 원조를 해도 정부가 변하고자 하는 의지가 없으면 의미가 없습니다. 그렇다면 아무런 변화도 일어나지 않는 겁니다. 하지만 아시아 국가들은 열린 마음가짐으로 도움을 받아들일 자세가 되어 있고, 그래서 성장 가능성이 많습니다.

한국, 아시아와
서구 가교 역할 해야

존 아이켄베리

동북아의 과거와 미래에 있어서, 미국의 대외 정책을 떼놓고 할 이야기는 그다지 많지 않을 것이다. 이는 장차 세계 질서의 재편과도 무관치 않은 이야기다. 지난 부시 정부는 대북 정책에 적지 않은 오점을 남겼다. 오바마 정부가 양자 및 6자회담을 어떤 식으로 접근해야 하는지의 해답이 바로 거기 있을지 모른다.

향후 미국의 대북 정책은 결국 '햇볕정책'으로 갈 것이다. 시간을 갖고 대화를 통해 북한의 비핵화를 유도하리라 생각된다. 북한에 대해서 중요한 것은 '아무리 시간이 걸려도 기다릴 수 있는' 유화적인 대처와 현실주의적인 방식이다.

G20의 사무국 설립해야

2010년 11월 한국에서 G20 정상회의가 개최된다. 세계 질서 재편에 있어서의 한국의 역할에 대해 기대가 크다. 이명박 대통령이 과연 어떤 아젠다에 집중을 하느냐가 관건이다.

한국은 아시아와 서구, 선진국과 신흥국가 사이의 가교 역할을 할 수 있다. 한국은 여러 나라와 공감대를 같이할 수 있는 것이 많다. 글로벌 리더십을 이행하기에 매우 적합한 입장이다. 글로벌 이슈에 대해 리더십을 발휘하는 것이, 한국으로서는 거의 처음일지 모른다. 하지만 한국이 특히 환경·에너지·경제·인권·안보 부문에서 쌍방향적인 새로운 리더십을 보여주길 많은 나라들은 기대하고 있다.

이렇게 말하는 이유는, 한국이 세계 질서에서 부상하는 대표적이고 상징적인 국가이기 때문이다. 선진국이나 신흥국가뿐 아니라 G20에 속하지 않지만 근접한 국가들과도 여러 공감대를 형성할 수 있는 때문인 것이다.

세계 공동체에서 중국·인도·브라질과 같은 새로운 이해 당사자 stakeholder의 부상은 매우 중요한 이슈다. 한국은 단순한 개발도상국 입장에서 수출 위주의 국가, 세계무역 질서에서의 전략 국가, 민주주의 성장 국가로 변모했다. 이에 따라 외교적으로도 단지 아시아를 넘어 글로벌 단계의 주요 국가가 되었다.

세계 질서의 권력 지형에서, 세계는 새로운 전환점을 맞고 있다.

이제까지 기존 G7, G8 정상의 지배적인 체제를 대체하며 주체가 지금과 같이 빠르게 확대된 이 현상이, 필자는 개인적으로 매우 놀랍다. 세계 시스템에서 새로운 국가들이 참여해 리더십이 분배되는 것은 환영할 일이다. 세계 질서 운영의 구조적인 멤버십 문제에는 이러한 대대적인 변화가 필요했다.

UN안전보장이사회나 브레튼우즈 체제는 현재 정체된 상태이다. 이 멤버를 개혁해야 할 필요성이 그간 끊임없이 제기되어 왔다.

이런 점에서 G20 체제는 그 대안이 될 수 있다. 수년간 G7, G8은 실질적이고 구체적인 성과를 이루지 못했다. 그래서 정책적인 협력을 통해 목적을 설정하고 역할을 분배해야 한다는 것을 깨달았다. 결국 G7, G8 체제는 실질적으로 새로운 형식의 집합적 정책의 필요성을 느껴온 것이다.

나는 예전부터 G7 체제의 사무국을 설립하고 메커니즘을 발달시켜야 한다고 여러 차례 주장해왔다. 그리고 요즘도 "G20의 사무국을 설립해서 정보와 경험을 쌓아 해외 서비스를 늘리고, 경제개발계획 등을 운영해야 한다"고 제안하고 있다.

탁상공론이 아니라 조직적으로 글로벌 정책을 수립하고 집행해야 한다. 무게를 갖고 다음 단계의 조직을 형성해나갈 필요가 있다.

그런 면에서 G20은 조약을 맺지 않은 멤버십 체제로, 의사결정에서 공식적인 절차가 없는 매우 유연한 메커니즘이다. 따라서 G20는 매우 집중화되고 효율적으로 운영될 수 있다.

문제는 이러한 집합적인 리더십이 각 글로벌 이슈에 대해 결정한 내용을 모두가 얼마나 따르고 진행할 것인지에 있다. 최근 마지막 G20 정상회의 때 이에 대한 합의가 있었다. 이제는 G20 정상회의가 더 상징적인 단계로 접어들어야 한다. 글로벌 시스템의 새로운 그림을 그리며 실효를 거두는 메커니즘이 되어야 한다.

UN 등 기존 체제에 대한 역할 중복 문제가 있을 수 있다. 그러나 두 체제가 서로 경쟁적인 것은 아니다. UN은 글로벌 이슈에 대해 기존의 역할을 한동안 유지하고 G20은 경제위기, 미래 에너지 등 새로운 글로벌 혁신에 대해 논의해야 한다.

UN이 스스로 성과를 확대할 수 있게 하려면 G20은 실질적인 주체로서 G20을 보완하는 국가들과도 교류하며 중요도를 확대해야 한다. 오바마 대통령도 이러한 메커니즘의 방법을 찾고 있는 것이 사실이다. 오바마 대통령의 글로벌 구상은 동서의 교류를 넘어 남북의 교류에 초점이 맞춰 있다. 북반구와 남반구를 기준으로 볼 때 부국과 빈국의 쏠림 현상이 크기 때문이다. 그는 글로벌 남북 간의 문제를 해결할 기구로 G20을 염두에 두고 있다.

대북 정책, 로드맵 따라 한 걸음씩

필자는 미국 내에서 북한 전문가로 알려져 있다. 오바마 대통령의 후보 시절부터 외교안보정책 자문을 해왔기 때문에 북한 문제에 대한 오바마 대통령의 생각과 기조를 잘 알고 있는 편이다.

북한은 핵보유를 인정받으면서 회담을 진행하려고 하지만 미국은 그것을 원하지 않는다. 서로 대화는 가질 수 있지만 2005년 비핵화 약속을 이행하지 않을 경우 진전은 없다는 점을 미국은 분명히 하고 있다.

미국은 6자회담의 형식에서도 이러한 점을 고수할 것이다. 하지만 미국의 대북 정책에 대해 간과해서는 안 될 점도 있다. 대북 관계에 대한 여러 낙관적인 시각이 사라졌다고는 생각지 않는다. 그러나 미국이 전략적으로 인내심을 갖고 북한이 돌파구를 찾도록 유도하지 않는 채로 제재나 압박을 가한다면 문제는 계속되고 최악의 결과를 맞을지도 모른다.

단기적 시각으로 "이제는 더 이상 제안할 게 없다"는 자세는 외교적 유도 전략이나 올바른 절차에서 벗어나는 일이다. 또한 위험할 수 있는 일이다. 그런 상황에 놓이면 북한은 더 극단적인 태도를 보일 것이다. 대화를 단절하고 긴장을 높이는 대북 정책은 절대 바람직한 방향이 아니다.

오바마 정부는 북한을 협상 테이블에 불러내야 한다. 모든 사안을 꺼내놓고 그랜드바겐을 통해 북한의 안보를 보장해주는 절충을 이뤄야 한다. 북한의 비핵화와 과거 언급됐던 일반적 사안을 교환함으로써 한 단계씩 로드맵에 따라 진행해야 한다.

중요한 것은 북한이 핵이 없어도 안보를 확보할 수 있다는 것을 인식시키는 일이다. 미국의 현재 대통령이나 미래의 대통령 그 누구도 '북한이 핵을 보유하는 것을 인정하지 않는다'는 점을 북한에 명확히 전달해야 한다.

대북 관계에 대해서는 낙관론도 비관론도 필요하지 않다. 단지 우리가 대북 정책에서 어느 단계에 있는지가 중요할 뿐이다.

북·미 양자회담과 6자회담의 과정은 서로 연관되고 복합적으로 진행되어야 한다. 왜냐하면 북한이 그랜드바겐을 받아들일 경우 미국은 안보를 보장해줘야 하고, 이는 북·미 양자 간에 이뤄질 사안이기 때문이다. 그리고 미국과의 약속을 북한이 세부 사항까지 이행하는지를 보게 될 것이다.

빌 클린턴 전 미국 대통령이 북한과 맺은 약속은 상징적으로 중요한 대북 접근 방식이다. 같은 형식으로 북한과 접촉해 결국 최종 합의를 도출해내야 한다. 쉽지 않은 방향이지만 이러한 정치적 단계를 하나씩 밟아가야 할 것이다. 이를 위해 미국의 대사가 반드시 북한에 방문해 최소한 북한의 의도를 보다 더 정확히 파악해야 한다.

한편 대북 문제에 있어서 중국의 역할이 큰 변수라는 점을 지적하고 싶다.

중국이 북한의 태도 변화를 가만히 지켜보는 대신에 어떤 행동으로 상황을 악화시킬 가능성도 있을 것이다. 그러나 분명히, 중국은 북한이 붕괴하도록 압박을 가하지는 않을 것이다. 만일 북한의 상황이 그렇게 되면 중국으로서도 국경에서의 탈북자, 경제적 혼란 등 여러 문제를 떠안아야 하기 때문이다. 이런 점에서 중국은 더 중추적이고 건설적인 측면에서 계산을 해봐야 한다.

중국·일본의 변화, 긍정적으로 평가

중국의 경제적 부상, 일본의 정권 교체 등 한반도 주변 국가의 최근 변화도 예의 주목해볼 필요가 있다. 이에 따라 미·일 관계, 미·중 관계의 흐름에 큰 물줄기가 바뀔 것이다.

우선 이미 글로벌 경제에 있어 큰 힘을 발휘하게 된 중국 경제와 관련해서, 미국은 중국과의 협력 관계에 큰 무게를 두고 있음을 전했던 바 있다.

세계적 경제침체에도 불구하고 한국 등 주변 국가의 경제성장률이 1% 수준이었다면 중국은 8% 성장을 유지해냈다. 어느 시점이 되면 미국의 경제력을 따라잡을 수도 있을 것이다. 중국과 미국은 협력을 통해 길을 찾아갈 수 있다고 낙관적으로 말할 수 있다.

얼마 전 워싱턴에서 열렸던 미·중 정상회담에서 특히 경제협력에 대한 여러 조약을 맺었다. 에너지 R&D, 환경 등 글로벌 이슈에 있어서 중국은 앞으로 10년간 그 역할이 더 중요해질 것이다. 중국은 점점 글로벌 파워를 과시하려고 할 것이다. 따라서 글로벌 이슈에 대한 책임을 더 많이 지게 될 것이다. 지금까지 중국은 국제 이슈에 대한 책임을 외면해왔다. 하지만 강대국으로 성장할수록 중국에 대한 국제 사회 리더로서의 평가가 많아질 것이기 때문에, 장기적으로 자국의 이익만 추구할 수는 없을 것이다. 이것은 중국에게도 바람직한 방향이다.

한편 일본의 정권 교체는 한·일 간 오래 묵은 문제들을 청산하고 공조할 수 있는 좋은 기회가 될 수 있다.

일본의 새 정부는 미·일 관계에서도 그들의 역할을 확대하며 강한 일본을 지향하고 새로운 아젠다를 수행해야 한다. 일본은 미국과 단지 좋은 파트너 관계를 넘어 여러 가지 분야에서 글로벌 리더 역할을 함께 하려고 시도하고 있다.

나는 세 가지 면에서 일본이 큰 기회를 맞을 것으로 본다.

첫 번째 세계적 이슈에 대한 고립에서 벗어나는 것.

두 번째는 외교 정책에서 한국과 중국과의 지역적인 공조, 세계 안보에서 미국 정부와의 협조를 늘리는 것이다.

마지막으로 UN 등 국제기구에서 작은 역할만 맡으려던 일본의 활동을 확대하는 것이다.

"핵 없어야 더 큰 안전 보장 받는다는 사실 인식시켜야"
급변하는 동북아 정세와 북핵문제 해결

한승주 고려대학교 명예교수, 존 아이켄베리 프린스턴대학교 국제정책대학원 석좌교수, 허원순 《한국경제신문》 논설위원(왼쪽부터)이 '급변하는 동북아 정세'에 관한 대담을 나누고 있다.

▼허원순 (《한국경제신문》 논설위원) : 일본이 50여년 만에 정권교체를 이뤘습니다. 민주당 정부에 어떤 변화가 예상되는가요?

▼한승주 (고려대학교 명예교수) : 많은 변화가 있겠지요. 그러나 일본 민주당이 기본적으로 보수적이어서 사회적 관습을 쉽게 벗기는 어려울 것입니다. 한국과는 역사교과서와 독도 문제 등 오랜 사안들을 어떻게 풀어갈지가 관심사이겠고요. 재일 한국인의 정치적 참여 문제도 여전히 갈 길이 멉니다. 하토야마 정부가 이 문제에 신경 쓰고 있는 만큼 개선을 기대합니다. 한국 정부는 미래지향적으로 양국 관계를 가져가길 기대하고 있습니다.

▼존 아이켄베리(프린스턴대학교 국제정책대학원 석좌교수) : 일본은 미국의 파트너를 뛰어넘어 글로벌 리더십을 보이려고 합니다. 이제까지 일본은 국제무대에서 고립 또는 안보

력 증강이라는 두 극단에서 움직였습니다. 이제는 UN 등을 통해 국제적 활동을 강화하는 제3의 길을 보여줘야 할 것입니다.

▼허원순 : 한국이 G20 의장국을 맡은 것이 화제입니다. G20의 역할을 어떻게 보시는지요.

▼존 아이켄베리(프린스턴대학교 국제정책대학원 석좌교수) : 우리는 세계적인 권력 지형에서 큰 전환점을 맞이하고 있습니다. 중국이 떠오르고 있습니다. 브라질, 인도, 남아프리카공화국도 마찬가지입니다. 한국은 이 같은 신흥세력의 상징이 되었습니다. 반면 미국과 안전보장이사회 등 전통적인 세력은 정체되어 있지요. 이 가운데 유연한 메커니즘을 가진 G20이야말로 집단적인 리더십과 실질적인 협력을 이끌어낼 것입니다.

▼한승주 : G20에 6개의 아시아 국가가 참가한다는 점에 주목해야 합니다. 과거 G8에서 아시아 국가는 하나에 불과했습니다. 예전에는 강대국 정상들이 이끄는 구조였다면 지금은 인도네시아, 브라질, 남아프리카공화국 등 신흥국의 역할이 큽니다.

▼존 아이켄베리 : 동의합니다. 그런 면에서 G20의 대표성이 더욱 커졌습니다. 오바마 대통령은 선진국과 저개발국의 빈부 격차뿐만 아니라 동서 간 교류에도 많은 관심을 갖고 있습니다. 과거 G7이나 G8은 실질적인 행동보다는 보여주는 데 의미가 컸지만 G20은 그렇지 않을 것입니다. 여러 국가들이 새 목표를 정하고 진정한 협력을 하려면 새로운 방식의 협동이 필요할 것입니다. 강대국과 개발도상국을 잇는 '브리지 bridge 국가' 로서 한국엔 기회가 많습니다.

▼한승주 : 이명박 대통령도 G20에서 중심적인 역할을 하기 위해 노력하고 있습니다. 의장국을 벗어나서도 향후 국제 문제에 더 많이 참여할 것입니다.

▼존 아이켄베리 : 그런 만큼 더 많은 기회가 돌아올 것입니다. 이 대통령은 이번 회의에서 어떤 이슈에 집중해야 하며, 어떤 논의를 시작할지 결정하게 될 것입니다. 이를

통해 한국은 금융, 환경, 에너지, 인권, 안보 등 다양한 국제적 이슈에서 리더십을 보여줄 수 있겠지요.

▼허원순 : 6자 회담과 북핵 문제로 넘어가겠습니다. 미국과 북한의 양자 회담이 진행되었는데요.

▼존 아이켄베리 : 미국은 북한이 바라는 대로 북한을 핵보유국으로 인정하지는 않을 것입니다. 6자회담은 교착 상태고, 미국은 '전략적 인내심'을 보이고 있습니다. 북한 리더십에 변화가 보이지 않는 이상 지금 할 일은 없습니다. 협상에 유리한 때를 기다려야 합니다. 그런데 전략적 인내심만 강조하면 교착 상태가 계속된다는 위험이 있습니다. 북한에 미국 대사를 보내 최소한 북한의 의도를 파악해야 할 것입니다. 그랜드바겐을 통해 관계 정상화를 모색하고 영속적인 휴전을 종전으로 바꿔야 합니다.

▼한승주 : 지금은 6자회담을 재개시켜 북한의 행동을 멈추는 것이 중요합니다. 그랜드바겐이 유효하겠지만 한 번의 조치로 급진적인 변화를 일으키기는 어렵습니다. 많은 전략과 정치가 필요한 대목입니다.

▼허원순 : 중국이 부상하면서 미국과 경쟁적이고 미묘한 관계를 형성할 가능성이 높아 보이는데요.

▼존 아이켄베리 : 중국은 이미 글로벌 경제 파워를 갖고 있습니다. 미국과 중국의 상호보완적 관계는 이번 금융위기 속에서 오히려 더욱 강하게 입증되었지요. 다자간 동아시아 안보체제에 대한 고민도 공유하고 있고요. 양국이 함께 할 방법을 반드시 찾을 것이라고 봅니다.

'글로벌인재포럼' 이란 무엇인가?

지난 2005년 할리우드의 명장 스티븐 스필버그는 〈게이샤의 추억 Memoirs of a geisha〉을 내놓으며 미국과 유럽, 일본의 영화팬들을 열광시켰다. 미국 감독이 할리우드의 자본과 기술을 이용한, 중국의 대표적인 여배우들을 주연으로 캐스팅한, 일본 문화를 소재로 한 영화가 전 세계에 상영되었고 영국 아카데미상을 석권하였다. 이는 국경을 초월해 전개되는 기업 활동, 노동력의 활발한 국제 이동, 특정 문화의 보편적 수용 등 세계화의 단면을 상징적으로 보여준 성과였다.

오늘날 가속화되고 있는 세계화의 충격은 경제에서 문화에 이르기까지, 단위 국가에서 개인에 이르기까지 전 방위적으로 영향을 미치고 있다. 이제 세계화는 자본·기술의 국제 이동이라는 초기 단계를 넘어 인적자원의 대규모 국제 이동과 글로벌 소싱의 심화 단계에 접어들었다. 세계화가 진전될수록 인적 자원의 이동 속도가 빨라지고, 그 규모도 커지고 있다.

세계화와 정보화의 접목으로 이동성이 배가되면서 진화된 '호모노마드(유목하는 인간)' 의 물결이 거세진 것이다. 세계화는 이처럼 기술 발전과 교류에 대한 인간 의지의 소산으로 거스를 수 없는 대세지만, 다양한 양태와 가속화되는 충격으로 지구촌 곳곳에서 갈등을 빚고 있는 것도 사실이다.

이러한 전대미문의 상황에 어느 나라 어느 정부도 제대로 준비하고 있지 않으며, 세계화를 주도해온 글로벌 기업들마저도 명확한 적응 방법을 몰라 당황하고 있다. 대학들도 거대기업의 첨단인력 수요에 제대로 대응하지 못하여 고민하고 있다.

우리는 세계화가 시장 경제와 기업 발전을 통한 인류의 복지 증진을 지속적으로 보장하기 위해 글로벌 경쟁력을 갖춘 인적자원의 효율적인 양성과 배분, 즉 글로벌 인재육성이 가장 확실한 대안이라고 본다. 세계화·지식정보화 시대에 진정한 경쟁력은 창조적 사고에서 비롯되며, 창조적 사고는 '사람'으로부터 창출되기 때문이다.

그렇다면 국경을 넘나들어 활동하는 글로벌 인재를 누가 책임지고 양성할까? 그에 따른 비용을 누가 부담하여야 할까? 이러한 인재가 창출하는 부와 혜택은 누구에게 돌아가야 할까? 나아가 글로벌 인재 양성을 위해 기업-정부-대학은 역할과 비용을 어떻게 분담하여야 할까?

이러한 문제인식 속에서 대한민국 정부(교육과학기술부)와 《한국경제신문》, 한국직업능력개발원은 세계 최초로 '글로벌인재포럼Global HR Forum'을 창설하고 2006년도 제1회 포럼을 서울에서 개최하였다. 본 포럼에서 지구촌의 책임 있는 구성원들이 함께 모여 그동안 몇몇 앞선 정부들이 어떻게 글로벌 인재육성의 성공 사례를 이루어냈는지, 창의적인 기업들이 문화적·환경적 이질성을 극복하고 어떻게 성공 스토리를 만들어냈는지, 그 공통점은 무엇인지, 보편적으로 적용 가능한 모델을 만들어낼 수 있을지 등에 대해 폭넓고 심도 있는 논의를 시작했다.

2009년도에 4회째를 맞이했던 글로벌인재포럼은 글로벌 인재 양성과 관련된 주체(세계 각국 정부 및 국제기구)와 객체(고등교육 및 정책연구기관), 소비자들(기업)이 한자리에 모여 '우수한 인재들을 세계인으로 육성하는 방안'에 대해 개별 단위를 뛰어넘어 심도 깊게 논의하는 정보 교류 및 협력 채널로 자리매김 했다.

세계를 이끄는 석학과 글로벌 리더의 통찰력 제시

글로벌인재포럼에 오면 각 분야에서 세계를 이끄는 리더들의 생각을 읽을 수 있다. 그간 빌 클린턴 전 미국 대통령, 반기문 UN 사무총장(화상연설), 제롬 글랜 UN 미래포럼 회장, 잭 웰치 전 GE 회장, 마틴 펠트스타인 전미경제조사국NBER 의장, 크레이그 배럿 INTEL 이사회 의장, 테라시마 지쓰로 전일본종합연구소 이사장 등 글로벌 리더들이 전 세계 오피니언 리더들을 대상으로 연설을 해주었다. 또한 프란시스 후쿠야마 존스홉킨스대학 원장, 장 로베르 피트 프랑스 소르본느대학 전 총장, 요 리첸 네델란드 마스트리히트대학 총장, 지바오청 중국 인민대학 총장, 니콜라스 버넷 유네스코UNESCO 사무총장보 등 세계적 석학들이 함께 다양한 국가 간 인적자원 교류 협력 방안에 관한 지혜를 모으는 '만남과 소통의 장'을 마련했다.

2009년도에는 과감한 경제개혁과 실용주의적 중도노선을 통해 통일 독일의 경제 호황을 일구어낸 게르하르트 슈뢰더 전 독일 총리를 비롯해 글로벌 경제전망의 세계 최고 권위자로 꼽히는 프레드 버그스텐 피터슨국제경제연구소 소장, 세계최고의 HR 이론가이자 글로벌인재경영의 바이블 집필자인 데이비드 울리히 미시간대학교 교수, 데이비드 스코튼 미국 코넬대학교 총장, 리차드 밀러 미국 올린공과대학교 총장 등이 기조연사로 나와 '탈위기 이후 세계질서 재편과 그에 따른 글로벌 리더십'의 청사진을 제시했다.

인재양성을 위한 다자간 협력 채널
-정부+기업+학교

글로벌인재포럼은 인재양성을 위한 정부와 기업 그리고 교육기관과의 협력 채널을 제공한다. 공공정책 세션에서는 일반 근로자의 평생학습권을 보장하고 이들을 지식 근로자로 재무장하기 위한 각국 정부의 노력도 함께 제시된다. 경영 세션에서는 IBM, P&G와 같은 세계적인 기업들이 어떻게 진출국의 현지 인력을 고급 인재로 양성하는 데 성공하였으며, 다른 기업이 어떻게 이러한 시스템을 적용할 수 있는지 소개한다. 교육 세션에서는 인재육성 글로벌 추세와 기업 수요에 부합하는 맞춤형 인재 양성 전략, 세계 유수 대학의 국제적인 인재육성 전략을 접할 수 있다. 각 세션별 연계방안 제시로 정부와 기업 그리고 학교 간에 인재를 양성할 수 있는 협력 채널을 마련한다.

개도국 인재양성 위한 글로벌네트워크의 장

세계은행 World Bank은 글로벌인재포럼을 통해 동아시아·태평양 개도국 정부의 교육 관련 고위 관계자 연수 프로그램을 출범시켰다. 글로벌인재포럼을 활용해 동아시아·태평양 개도국의 교육정책 입안자들을 한국에서 연수시키고, 책임 있는 정책을 만들어낼 수 있도록 하자는 게 핵심적인 목표다. 교육은 한국의 경제 개발과 성장에 매우 중요한 역할을 했다. 또한 한국이 전 세계에 전달할 수 있는 의미 있는 메시지이기도 하다. 글로벌인재포럼은 바로 그런 의미를 체감하기에 적합한 행사다. '교육이 경제 성장의 엔진'임을 증명한 한국은 개도국들의 교육 당국자들에게 훌륭한 멘토가 될 수 있다.

본 포럼은 아시아·태평양 지역에서의 동서 문화 간 이해의 장을 마련하고, 특정 국가와 지역을 넘어 국제적으로 필요한 핵심 인재를 양성·활용하는 글로벌 협력 네트워크를 구축하고자 한다.

미래한국 이끌 차세대 지도자 'UNIFEL'

글로벌인재포럼은 차세대 지도자들이 직접 참여하여 세계적 석학들·글로벌 리더들과 함께 호흡할 수 있는 기회를 제공한다. 매년 대학(원)생 및 연구원, 직장인을 대상으로 '글로벌인재포럼 펠로우 UNIFEL'를 선발하는 것이다. 펠로우는 일회성 '자원봉사자'와 달리 차세대 지도자로 성장하기 위한 학생들의 모임으로 강연 및 전반적인 행사를 평가하는 이벨류에이터, 주요 연사를 돕는 리아종, 행사 내용을 정리하는 라포처 등으로 활동하게 된다.

선발된 펠로우들에게 인재포럼의 차세대 글로벌 리더 커뮤니티에 가입하고 활동할 기회를 제공하며, 인재포럼과 연계해 매월 다양한 분야의 저명 석학을 초청한 온오프라인 회의(웨비나)에 참가할 기회를 제공한다. 포럼 이후에도 정기적인 모임과 교류, 세미나 등을 통해 지식과 경험을 습득하고 포럼에서 세계적 석학들과 맺은 네트워크를 바탕으로 국제적으로 활동하게 된다.

누구에게나 '열린' 포럼

글로벌인재포럼은 일반인들에게 무료로 개방된다. 평소 접하기 어려운 글로벌기업 최고경영자와 각국 석학, 국제기구, 세계 유수대학 총장들이 전해주는 다양한 식견을 일반인들이 쉽게 접할 수 있도록 하자는 취지에서다. 무료로 참가하기 위해선 사전등록이 필요하다. 매년 희망자가 많아 방청객 수를 제한해야 하기 때문이다.

포럼 공식 홈페이지(www.ghrforum.org)

글로벌 인재포럼 리포트2010

새로운 인재가 온다

지은이 | 한국경제 글로벌포럼 사무국 · 편집국 특별취재팀
펴낸이 | 김경태
펴낸곳 | 한국경제신문 한경BP
등록 | 제 2-315(1967. 5. 15)

제1판 1쇄 인쇄 | 2010년 8월 15일
제1판 1쇄 발행 | 2010년 8월 20일

주소 | 서울특별시 중구 중립동 441
홈페이지 | http://www.hankyungbp.com
전자우편 | bp@hankyungbp.com
기획출판팀 | 3604-553~6
영업마케팅팀 | 3604-595, 555   FAX | 3604-599

ISBN 978-89-475-2758-3   03320
값 14,000원

파본이나 잘못된 책은 바꿔 드립니다.